사랑스럽고 귀여운
프랑스 자수 모티프
Embroidery Brooch & Hair Accessory

애플민트 지음 | 김수정 옮김

1 P12	2 P12	3 P12	4 P12	5 P13	6 P13	7 P16
8 P16	9 P16	10 P17	11 P17	12 P20	13 P20	14 P20
15 P20	16 P21	17 P21	18 P24	19 P24	20 P24	21 P24

WILLSTYLE

| 57 P52 | 58 P52 | 59 P53 | 60 P53 | 61 P56 | 62 P56 | 63 P56 |

| 64 P56 | 65 P57 | 66 P57 | 67 P60 | 68 P60 | 69 P60 | 70 P60 |

| 71 P61 | 72 P61 | 73 P64 | 74 P64 | 75 P64 | 76 P65 | 77 P65 |

| 78 P68 | 79 P68 | 80 P68 | 81 P69 | 82 P69 | 83 P72 | 84 P72 |

| 85 P72 | 86 P73 | 87 P73 |

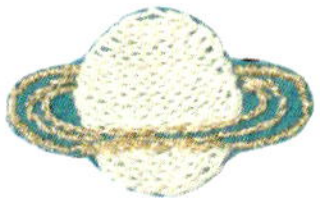

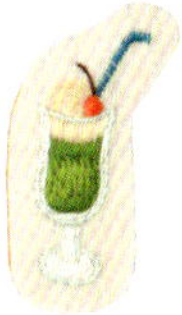

- 자수 브로치와 머리끈 만드는 법 P4-7
- 15가지 기본 스티치 P8-11
- 재료와 도구 P76
- 브로치핀 다는 법 P77
- 앞판과 뒤판의 조합 P77

자수 브로치와 머리끈 만드는 법

도안을 옮기는 방법부터 〈볼록하게〉나 〈납작하게〉 만드는 방법까지 설명했습니다. 시작하기 전에 쭉 훑어보세요.
※ 재료와 도구에 대해서는 76쪽을 참조하세요.

※ 13쪽의 5번 작품

1. 도안을 옮깁니다

① 도안에 두꺼운 트레이싱페이퍼를 올리고 펜으로 따라 그립니다. 끝이 가는 펜을 이용하는 것이 작은 도안도 깔끔하게 옮길 수 있습니다.

② 수를 놓을 천 위에 단면 먹지를 올립니다. 10cm의 자수틀에 끼운다면 30cm 정사각형 정도의 천을 사용하는 것이 다루기 쉽습니다. 접착심지를 붙일 경우는 가장 먼저 붙여둡니다.

③ ② 위에 ①에서 옮긴 도안을 놓고, 그 위에 셀로판을 겹친 다음 움직이지 않도록 시침핀으로 고정합니다. 셀로판은 잘 미끄러지므로 도안을 보호하는 역할을 합니다.

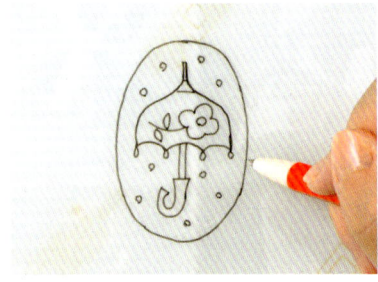

④ 셀로판 위에서 트레이서(또는 가는 볼펜)로 도안을 덧그립니다. 확실히 옮겨지도록 약간 강하게 힘을 주어 따라 그리세요.

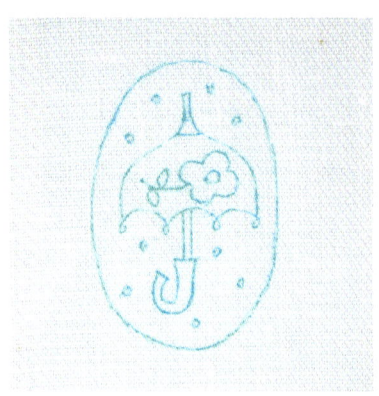

⑤ 도안이 옮겨졌습니다. 흐린 부분은 가는 초크펜이나 초크펜슬로 선을 보완해주세요.

2. 자수틀을 끼웁니다

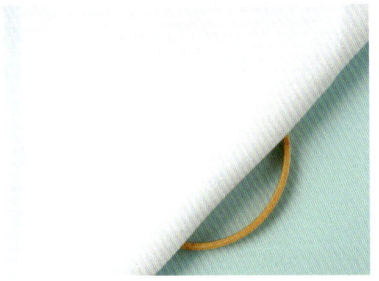

① 도안을 옮긴 천 밑에 자수틀의 안틀을 둡니다.

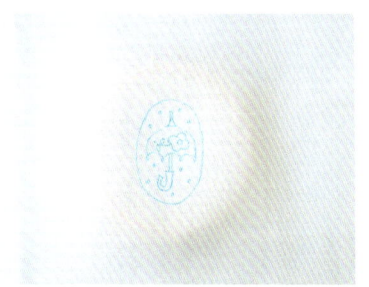

② 도안이 틀 중심에 오도록 조절합니다.

③ 나사가 왼쪽 아래에 오도록 해서 겉틀을 끼웁니다. 올이 비뚤어지지 않도록 조심하면서 주변의 천을 팽팽하게 당긴 후 나사를 조입니다.

3. 수를 놓습니다

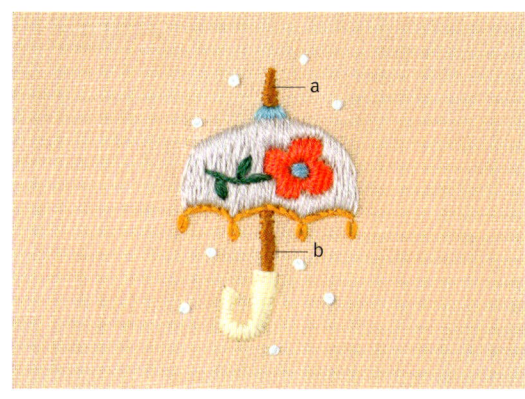

지정된 스티치로 수를 놓습니다. 예를 들어, 우산 꼭대기(a)와 자루(b)처럼 떨어진 곳에서 같은 실을 사용할 경우, 작은 도안이면 이어서 수를 놓아갑니다.

자수실을 다루는 방법

가는 실이 합쳐져 꼬여 있는 25번 자수실. 그대로 쓰지 않고 1가닥씩 빼낸 다음, 필요한 가닥 수만큼 모아서 사용합니다.

■ 실은 한 가닥씩 뺍니다

 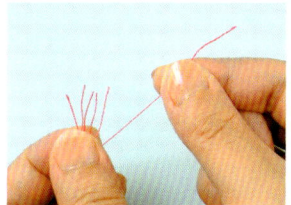 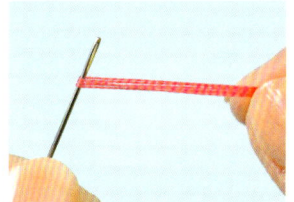 

① 실 끝을 당겨서 쓰기 좋은 길이(40~50cm)로 자릅니다. 라벨 부분을 누르면서 천천히 당기면 부드럽게 뽑힙니다.

② 25번 자수실은 가는 실이 6가닥 합쳐져 꼬여 있으므로, 우선 1가닥씩 뽑은 다음 필요한 가닥 수만큼 모아서 사용합니다. 6가닥으로 수를 놓을 때도 반드시 1가닥씩 뺐다가 다시 모아서 쓰도록 하세요.

③ 실을 자수바늘에 끼울 때는 우선 바늘에 실 끝을 걸고 반으로 접어서 접힌 자국을 만듭니다.

④ 고리 부분을 손끝으로 짓이기듯이 누른 후에 바늘귀에 끼웁니다.

■ 자주 쓰는 색은 세 가닥으로 땋아두면 편리!

 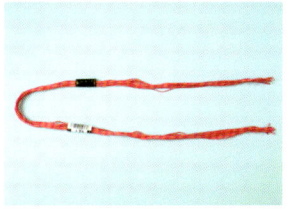 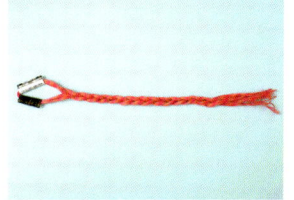 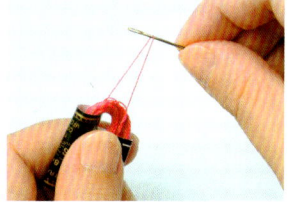

① 실타래를 전부 풀어서 실 끝끼리 맞추고, 12등분(또는 사용하기 편한 길이)으로 접습니다. 양 끝의 고리 부분을 자릅니다.

② 빼두었던 라벨을 끼우고 반으로 접습니다.

③ 적당하게 3등분해서 3가닥으로 땋아줍니다. 느슨하게 땋아주세요. 이렇게 해두면 실이 엉킬 염려도 없고 수납도 쉽습니다.

④ 실을 빼낼 때는 사진처럼 고리 부분부터 바늘로 당기듯이 빼주면 간단!

자수의 시작과 끝

자수의 경우는 뒤에서 걸리적거리는 것을 피하고 깔끔하게 완성하기 위해 구슬매듭을 하지 않습니다.

■ 자수 시작하기

도안에서 약간 떨어진 위치의 겉에서 바늘을 넣습니다. 실 끝을 남기고 1~2땀을 성글게 꿰맨 다음, 자수를 시작하는 위치로 바늘을 빼냅니다. 남긴 실은 마지막에 뒤쪽으로 빼서 마무리합니다.

■ 구슬매듭을 할 때

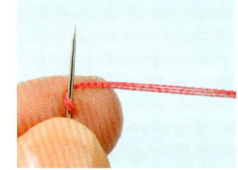 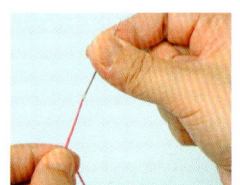

① 겉면에 영향을 주지 않는 천에 자수를 할 때는 구슬매듭을 해도 괜찮습니다. 바늘에 실을 대고 1~2회 감아줍니다.

② 감은 부분을 손가락으로 누르면서 바늘을 당겨 뽑습니다.

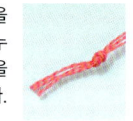

■ 실 마무리하기

면을 마무리할 때 (새틴 스티치 등)

① 자수가 끝났으면 뒷면으로 실을 빼서 스티치 속으로 바늘을 통과시킵니다.

② 1~2회 박음질을 하고 나서 실을 자릅니다. 자수를 시작할 때 남겼던 실도 같은 방법으로 마무리합니다.

선을 마무리할 때 (아웃라인 스티치, 체인 스티치 등)

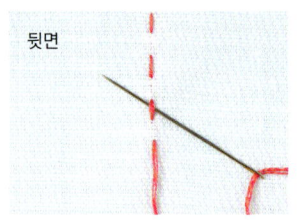 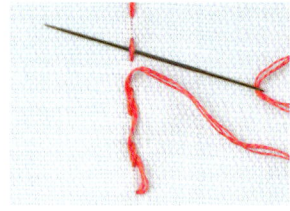

① 자수가 끝났으면 뒷면으로 실을 빼서 마지막 바늘땀의 실을 뜹니다.

② 4~5회 바늘땀 밑을 통과시킨 다음, 다시 1땀 되돌아와 실을 자릅니다. 자수를 시작할 때 남겼던 실도 같은 방법으로 마무리합니다.

4. 마무리합니다

■ 주머니 모양으로 볼록하게 만들기

  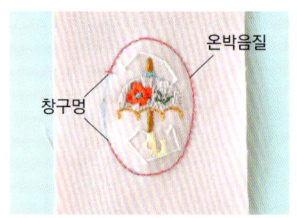 

① 자수가 전부 끝났으면 천을 뒤집어 도안(뒤)을 맞대고 셀로판을 겹친 다음, 시침핀으로 고정합니다. 도안과 천 사이에 수예용 단면 먹지를 끼우고 완성선을 트레서로 따라 그립니다.

② 뒤판의 뒷면에도 완성선을 옮겨 그립니다. 도안은 겉으로 해서 올리고 2장의 선이 좌우대칭이 되도록 주의합니다.

③ 앞판과 뒤판을 겉끼리 맞댄 다음, 창구멍을 남기고 온박음질(백스티치 요령)로 꿰맵니다. 창구멍은 커브가 어렵지 않은 부분에 2cm 정도 남기는 것이 기준. 실은 천에 어울리는 색으로 고르세요.

④ 완성선 둘레에 5mm 정도의 시접을 남기고 천을 자릅니다. 곡선 부분은 약 5mm 간격으로 절개선을 넣습니다.

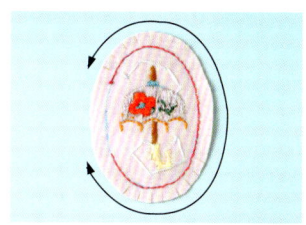  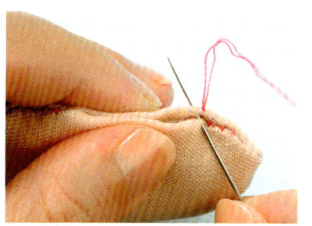 

⑤ 절개선을 넣어주면 뒤집었을 때 곡선 형태가 매끈하게 나옵니다. 창구멍 부분에는 절개선을 넣지 않습니다.

⑥ 창구멍을 통해 겉으로 뒤집은 다음, 솜을 채우고 모양을 정돈합니다. 솜을 작게 찢어서 모퉁이 부분부터 넣어 가면 깔끔한 형태로 완성됩니다.

⑦ 창구멍의 시접부분을 완성선까지 접어서 넣고 촘촘히 공구르기 하세요.

완성되었습니다!

■ 수예용 본드로 붙여서 납작하게 만들기 ※ 12쪽 4번 작품

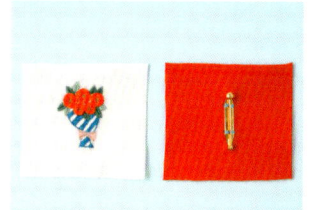 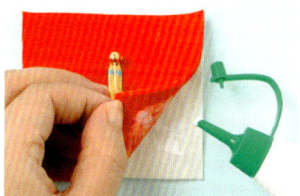  

① 수놓은 앞판과 같은 크기로 뒤판을 잘라 브로치핀을 답니다(브로치핀 다는 법은 77쪽 참조). 머리끈의 경우도 이 단계에서 꿰매어 고정시킵니다.

② 2장을 안끼리 맞댄 다음 수예용 본드로 붙여줍니다. 책이나 무게가 나가는 평평한 것으로 눌러서 하루 이상 완전히 말립니다.

③ 자수의 윤곽을 따라 가위로 잘라 형태를 정돈합니다. 완성선이 있는 것은 도안을 옮길 때 완성선도 옮겨 그리고 선을 따라서 자릅니다.

④ 완성. 펠트와 피혁처럼 올이 풀어지지 않는 것이면 자른 상태 그대로 OK. 천의 경우에는 가장자리에 올풀림 방지액을 발라줍니다.

■ 그 외 마무리 방법

 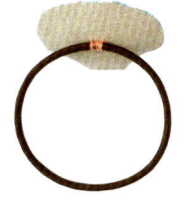   

가장자리를 감칩니다
2장의 천을 안끼리 맞댄 후 가장자리를 감침질해서 마무리합니다. 감치는 실의 간격을 달리하거나 비즈를 넣어서 감치면 느낌이 달라집니다.

링고무줄 다는 법
왼쪽 : 뒤판에 직접 꿰매어 답니다. 떨어지지 않도록 여러 겹으로 감치세요.
오른쪽 : 작품과 면테이프 사이에 링고무줄을 끼운 다음, 꿰매어 고정시킵니다. 천에 손상이 가지 않는 방법입니다.

키트를 이용합니다
뒤쪽에 링고무줄을 끼울 수 있는 싸개단추 키트(79쪽 참조). 쉽게 만들 수 있습니다. 같은 타입으로 브로치 키트도 있습니다.

****

15 BASIC STITCH
15가지 기본 스티치

이 책에서 사용하는 15종류의 스티치입니다.

※ 기본 스티치 설명은 5번 자수실을 사용했습니다.
※ 각 작품의 도안 설명에서는 자수의 〈스티치〉라는
  명칭을 생략했습니다.
  (ex. 러닝 스티치 ⇒ 러닝, 백 스티치 ⇒ 백)

****

러닝 스티치
RUNNING STITCH

① 1에서 바늘을 빼내어 2~3으로 한 땀씩 놓아갑니다.

② 같은 방법으로 4~7도 바늘땀을 균일하게 놓습니다.

백 스티치
BACK STITCH

① 1에서 바늘을 빼내, 한 땀만큼 되돌린 2로 바늘을 넣은 후, 3에서 뺍니다.

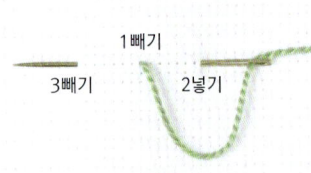

② 같은 방법으로 3에서 한 땀 만큼 되돌린 4(1과 같은 곳)로 바늘을 넣은 후, 5에서 뺍니다.

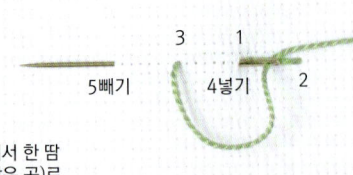

아웃라인 스티치
OUTLINE STITCH

※ 왼쪽에서 오른쪽으로 수를 놓습니다.

① 1에서 바늘을 빼내어 1에서 한 땀 앞의 2로 바늘을 넣고, 그 반만큼의 길이인 3에서 뺍니다.

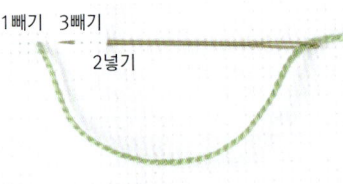

② 같은 방법으로 3에서 한 땀 앞의 4로 바늘을 넣고 그 반만큼의 길이인 5(2와 같은 곳)로 뺍니다.

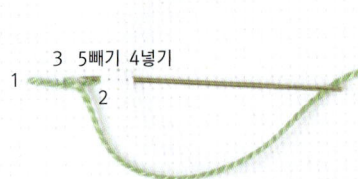

카우칭 스티치
COUCHING STITCH

※ 두 가지 색의 자수실을 사용해서 설명합니다.
(같은 색으로 놓는 경우도 있습니다.)

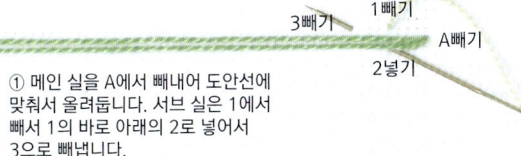

① 메인 실을 A에서 빼내어 도안선에 맞춰서 올려둡니다. 서브 실은 1에서 빼서 1의 바로 아래의 2로 넣어서 3으로 빼냅니다.

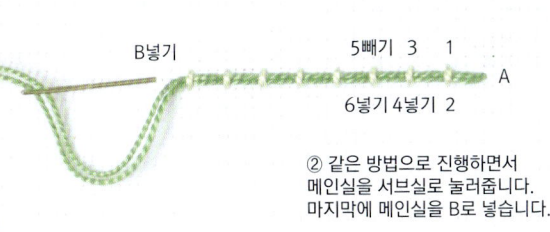

② 같은 방법으로 진행하면서 메인실을 서브실로 눌러줍니다. 마지막에 메인실을 B로 넣습니다.

체인 스티치
CHAIN STITCH

① 1에서 바늘을 빼내어 2(1과 같은 곳)로 넣어 3으로 빼냅니다. 실을 바늘 끝에 걸어서 바늘을 위로 잡아 빼냅니다.

② 같은 방법으로 4~5로 바늘을 넣고 실을 바늘 끝에 걸어서 바늘을 위로 잡아 빼냅니다.

③ 마지막은 8(7의 약간 앞의 위치)로 넣습니다.

스트레이트 스티치
STRAIGHT STITCH

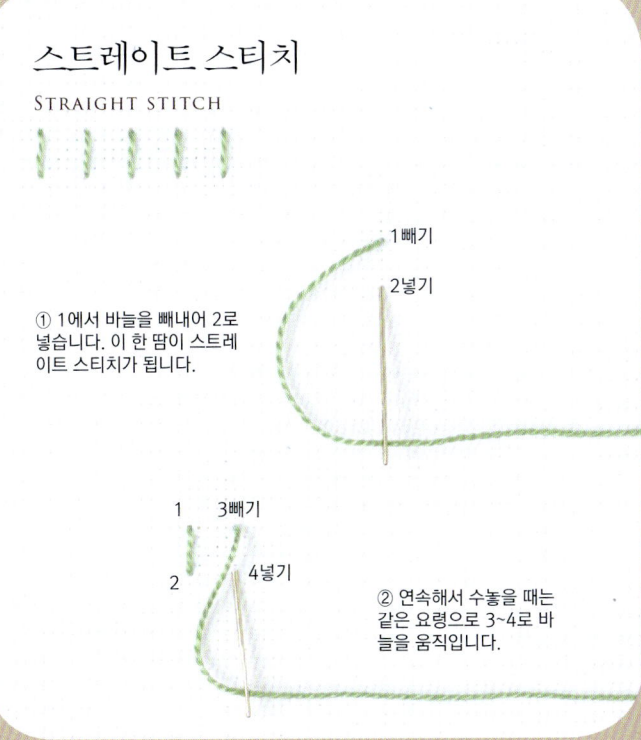

① 1에서 바늘을 빼내어 2로 넣습니다. 이 한 땀이 스트레이트 스티치가 됩니다.

② 연속해서 수놓을 때는 같은 요령으로 3~4로 바늘을 움직입니다.

프렌치너트 스티치
FRENCH KNOT STITCH

[2번 감기]

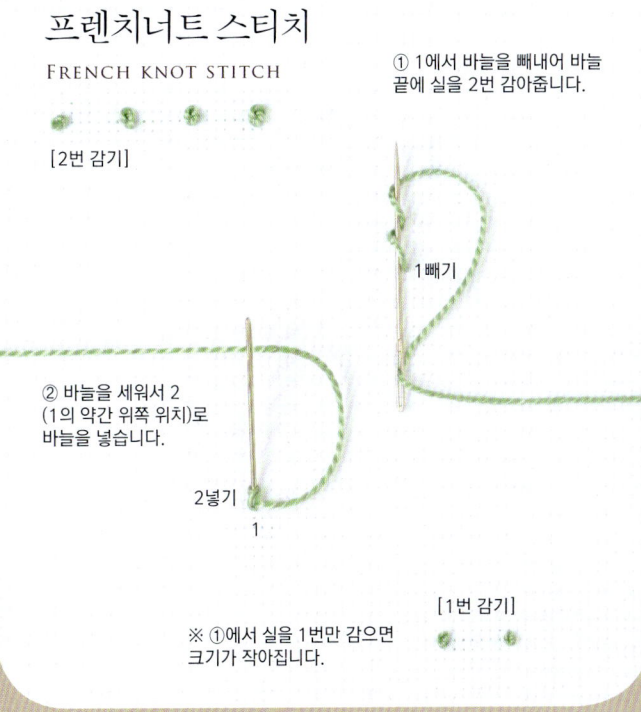

① 1에서 바늘을 빼내어 바늘 끝에 실을 2번 감아줍니다.

② 바늘을 세워서 2(1의 약간 위쪽 위치)로 바늘을 넣습니다.

[1번 감기]

※ ①에서 실을 1번만 감으면 크기가 작아집니다.

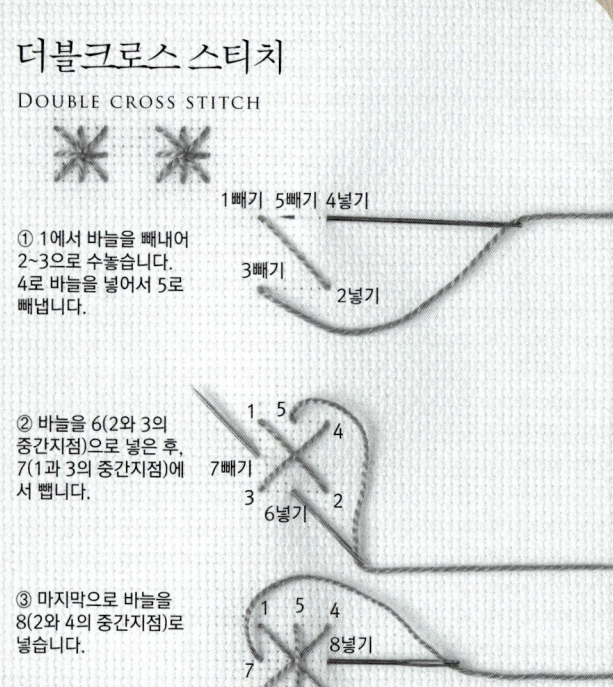

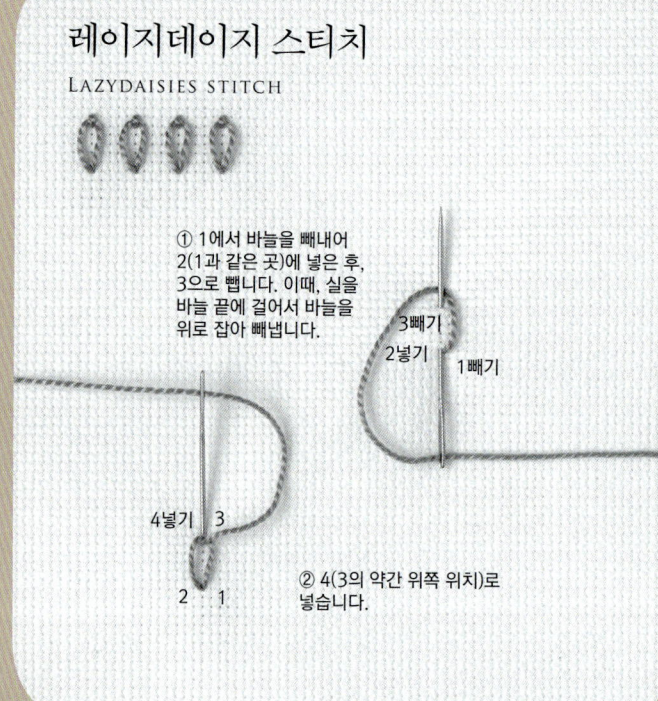

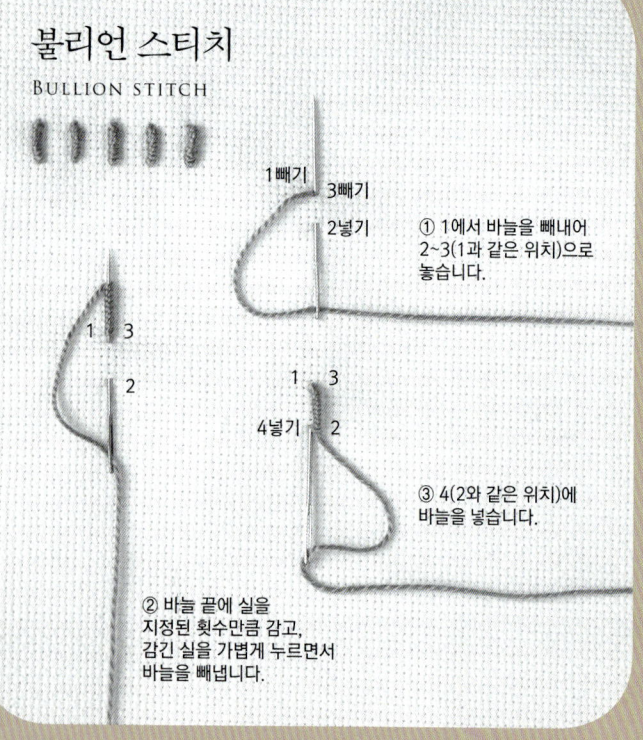

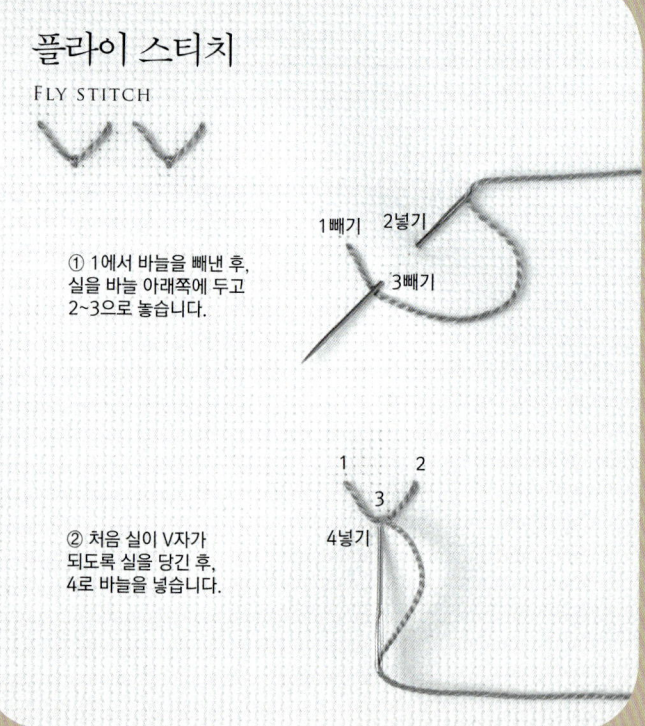

새틴 스티치
Satin stitch

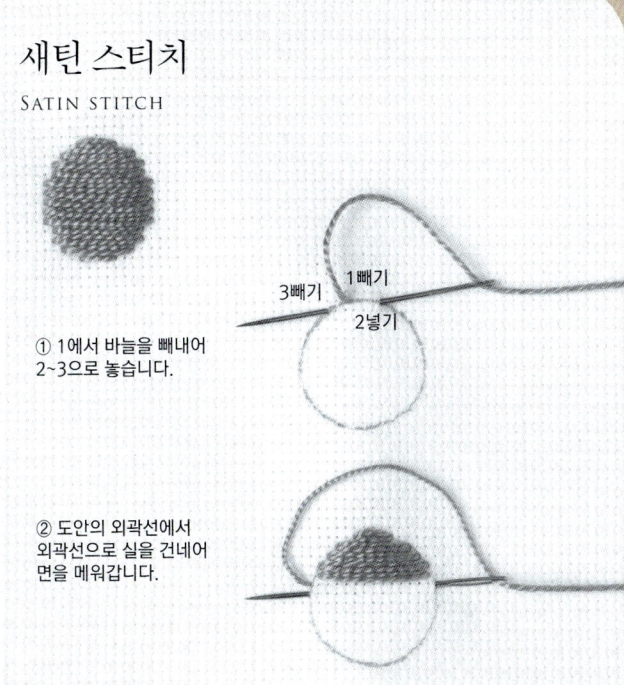

① 1에서 바늘을 빼내어 2~3으로 놓습니다.

② 도안의 외곽선에서 외곽선으로 실을 건네어 면을 메워갑니다.

롱앤드쇼트 스티치
Long and short stitch

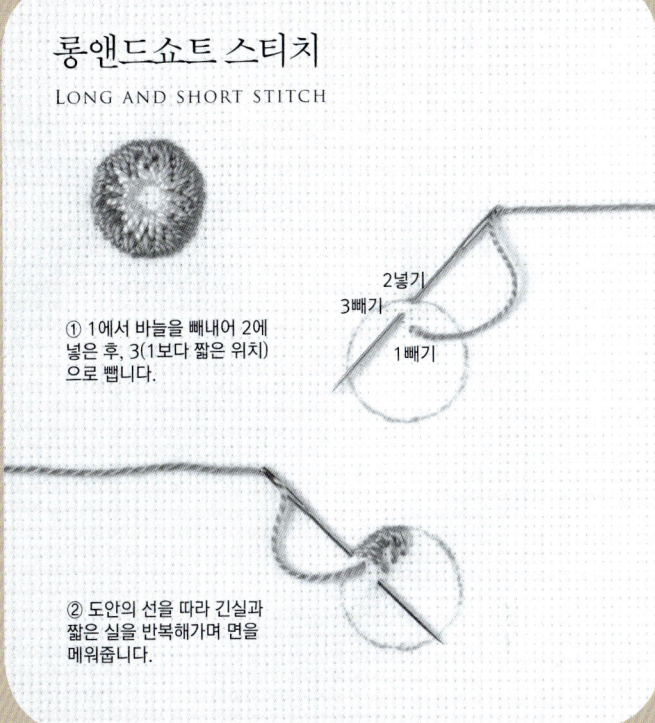

① 1에서 바늘을 빼내어 2에 넣은 후, 3(1보다 짧은 위치)으로 뺍니다.

② 도안의 선을 따라 긴실과 짧은 실을 반복해가며 면을 메워줍니다.

피쉬본 스티치
Fishbone stitch

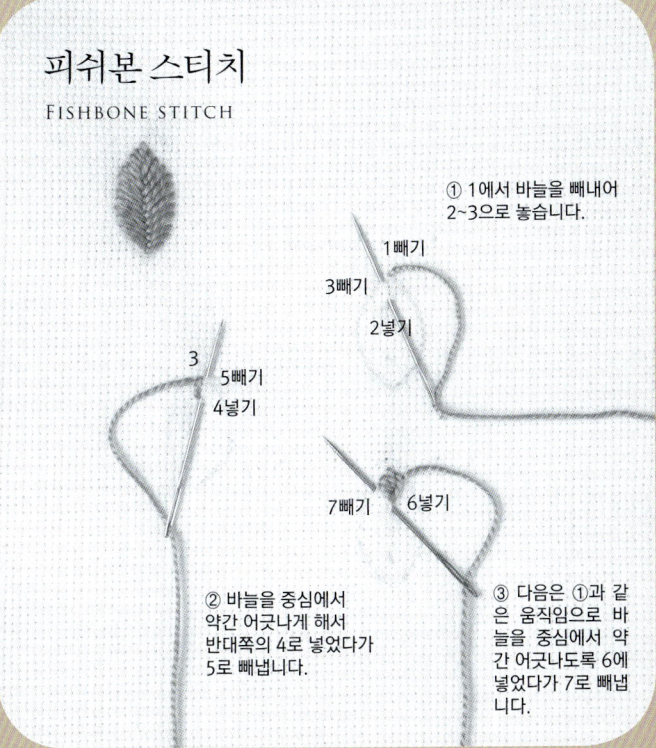

① 1에서 바늘을 빼내어 2~3으로 놓습니다.

② 바늘을 중심에서 약간 어긋나게 해서 반대쪽의 4로 넣었다가 5로 빼냅니다.

③ 다음은 ①과 같은 움직임으로 바늘을 중심에서 약간 어긋나도록 6에 넣었다가 7로 뺍니다.

블랭킷 스티치
Blanket stitch

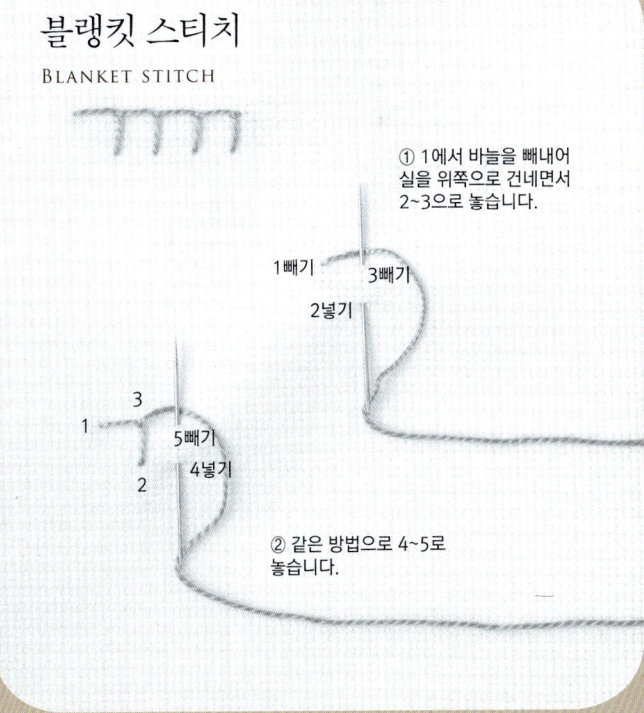

① 1에서 바늘을 빼내어 실을 위쪽으로 건네면서 2~3으로 놓습니다.

② 같은 방법으로 4~5로 놓습니다.

달콤한 아이템

달콤한 색조의 사랑스러운 아이템을 모티프로 만들었습니다.

DESIGN & MAKING : SIESTA
HOW TO MAKE : P14-15

1
2
3
4

달콤한 아이템 (1-6)

PHOTO : P12-13

※ 숫자는 색상번호, ○ 안은 실의 가닥 수. 지정된 곳 이외는 2가닥.
프렌치너트는 1번 감기. 지정된 곳 이외는 롱앤드쇼트로 놓는다.

재료
- 1~4 : 【앞판】 펠트(두께 1mm) 【뒤판】 펠트(두께 2mm), 브로치핀(2번만 30mm, 나머지는 35mm) 각1개, 진주비즈(1번용, 3mm, 옥색) 6개
- 5 : 면(줄무늬), 면테이프(폭 1cm) x 3cm, 수예용 솜 적당량, 링고무줄 1개
- 6 : 리넨, 면테이프(폭 1cm) x 3cm, 수예용 솜 적당량, 링고무줄 1개

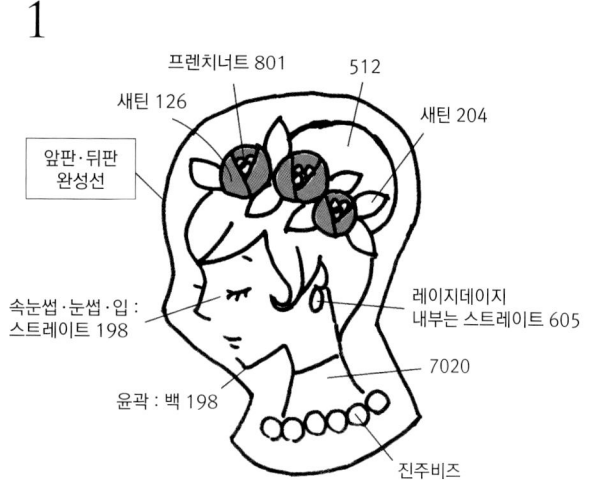

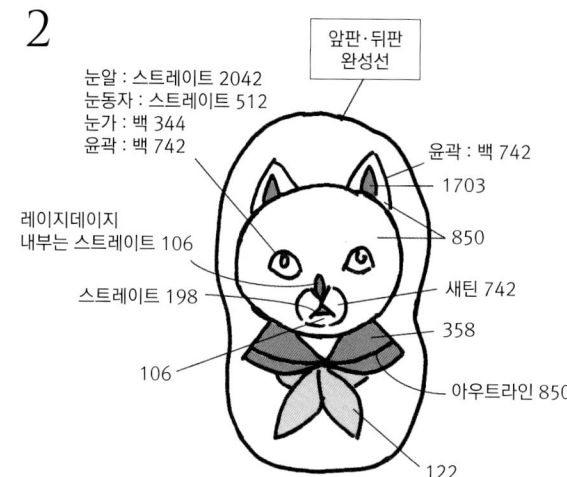

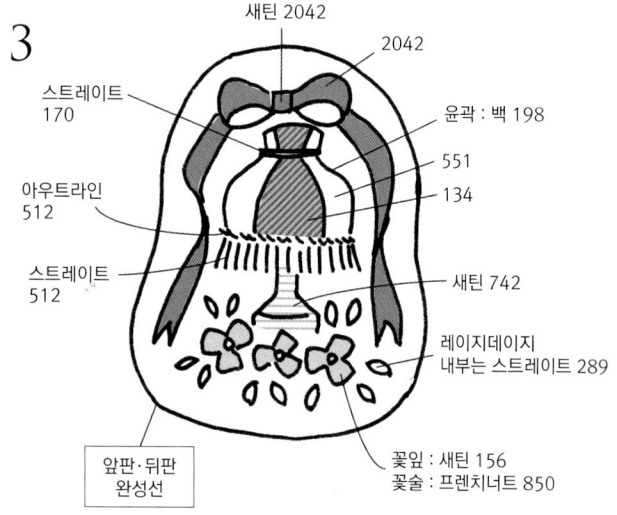

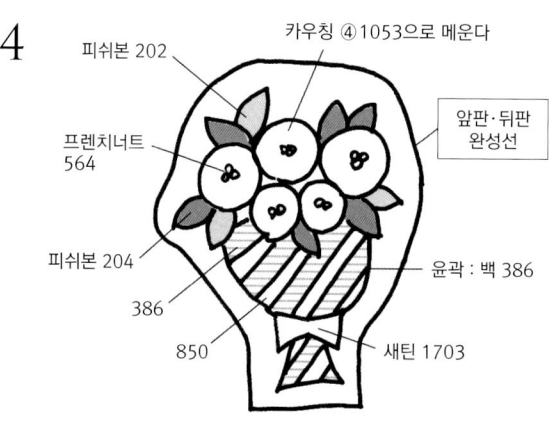

※ 숫자는 색상번호, ○ 안은 실의 가닥 수. 지정된 곳 이외는 2가닥.
프렌치너트는 2번 감기. 지정된 곳 이외는 롱앤드쇼트로 놓는다.

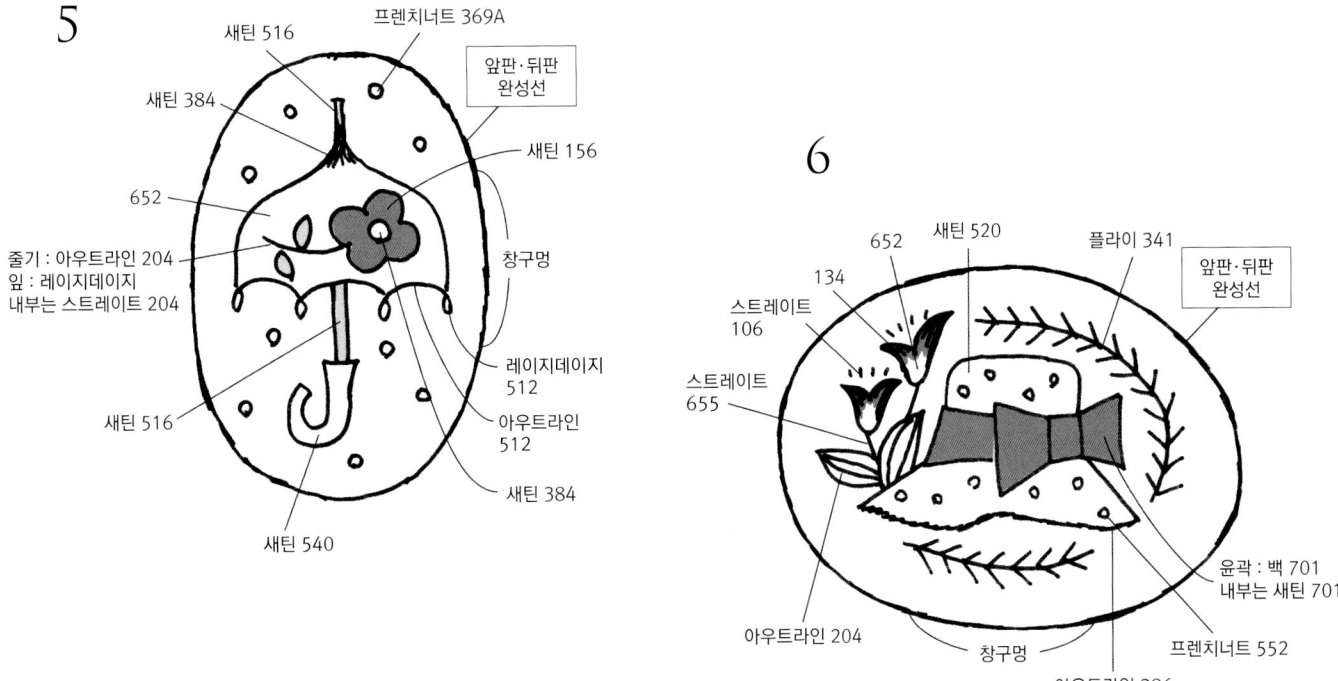

❖ 브로치와 머리끈 만드는 법

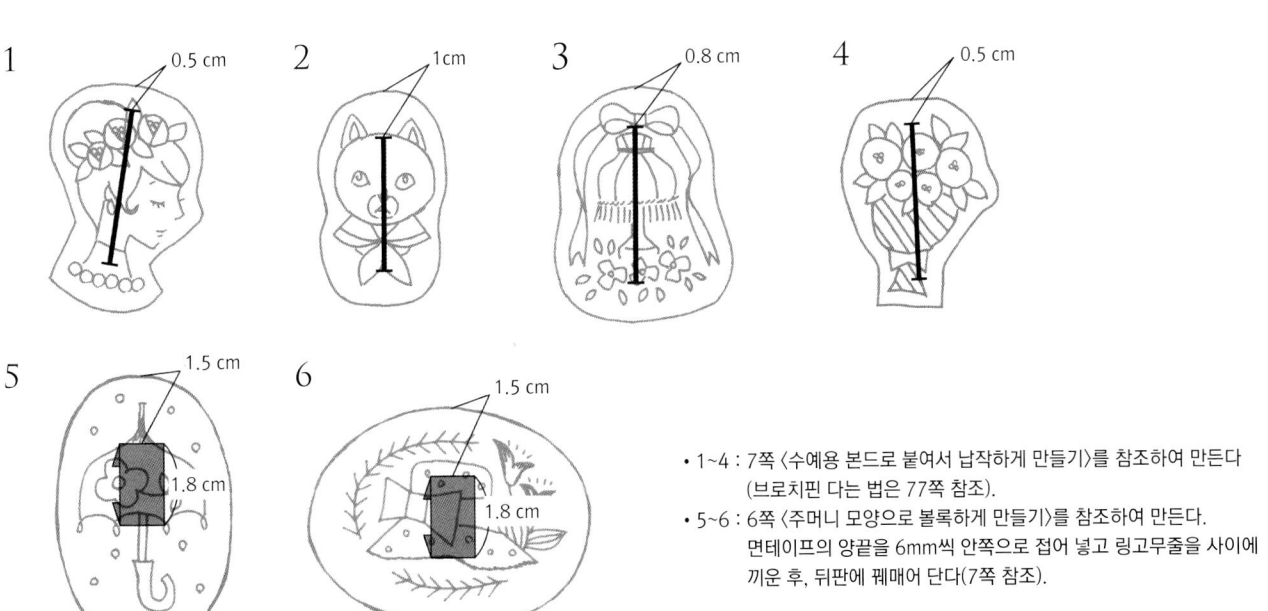

- 1~4 : 7쪽 〈수예용 본드로 붙여서 납작하게 만들기〉를 참조하여 만든다
  (브로치핀 다는 법은 77쪽 참조).
- 5~6 : 6쪽 〈주머니 모양으로 볼록하게 만들기〉를 참조하여 만든다.
  면테이프의 양끝을 6mm씩 안쪽으로 접어 넣고 링고무줄을 사이에
  끼운 후, 뒤판에 꿰매어 단다(7쪽 참조).

귀여운 동물들

늘 함께 있고 싶은 작고 귀여운 동물들.
섬세한 표현이 매력적입니다.

DESIGN & MAKING : 이시이 히로코
HOW TO MAKE : P18-19

7

8

9

귀여운 동물들 (7-11)

PHOTO : P16-17

※ 숫자는 색상번호, ○ 안은 실의 가닥 수. 지정된 곳 이외는 2가닥.
프렌치너트는 2번 감기.

재료

- 7 :【앞판】리넨【뒤판】펠트(두께 2mm), 브로치핀(35mm) 1개, 진주비즈(3mm, 오프화이트)
- 8 :【앞판·뒤판】펠트(두께 1mm), 브로치핀(25mm) 1개
- 9 :【앞판】리넨【뒤판】펠트(두께 1mm), 브로치핀(25mm) 1개, 진주비즈(2mm, 오프화이트)
- 10·11 :【앞판·뒤판】리넨, 수예용 솜 적당량, 링고무줄 각 1개

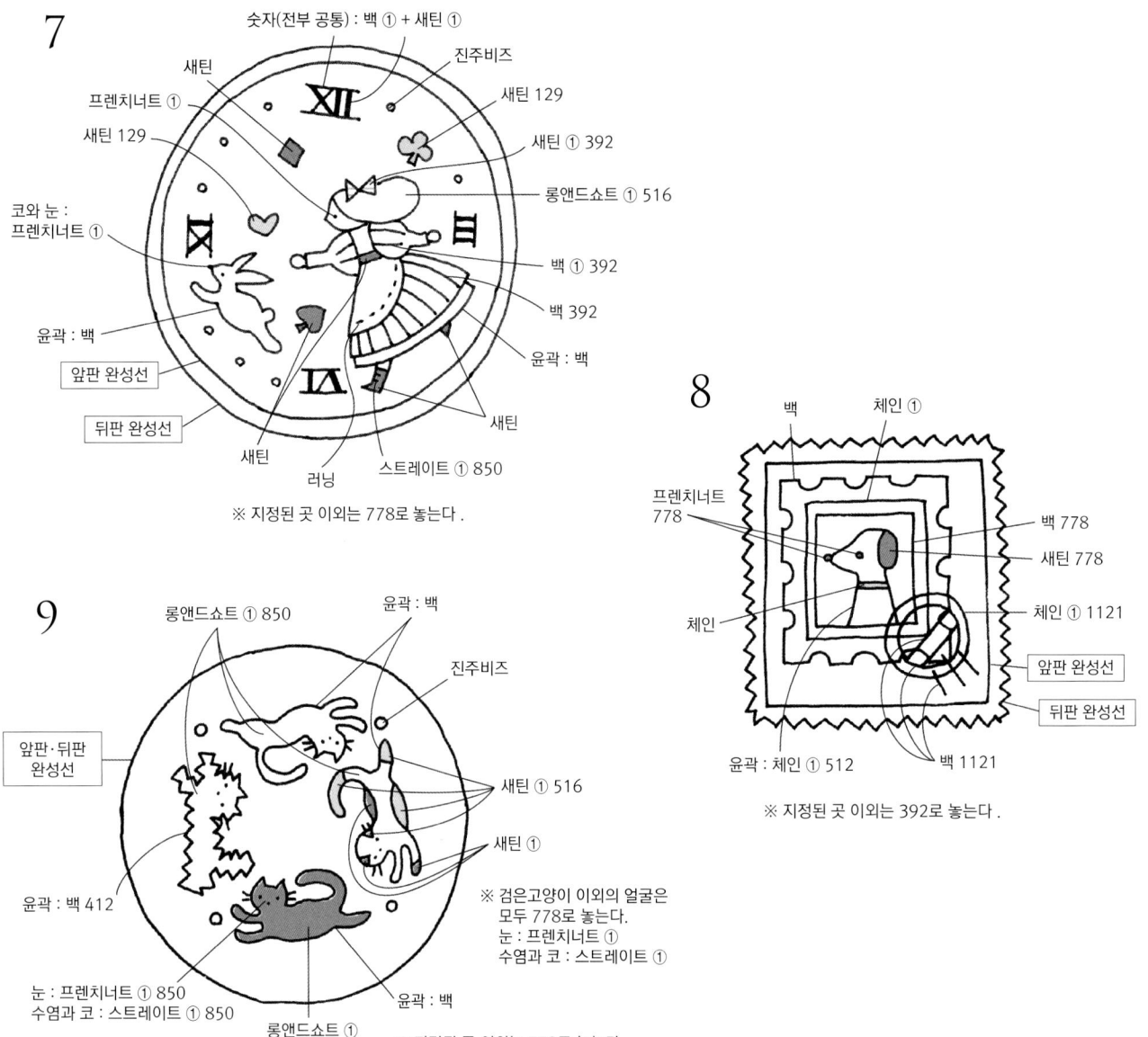

※ 숫자는 색상번호, ○ 안은 실의 가닥 수. 지정된 곳 이외는 2가닥.
프렌치너트는 2번 감기.

10

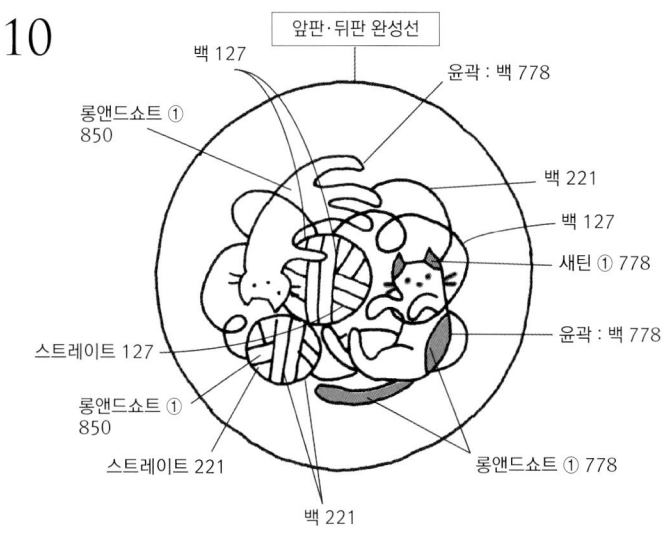

- 앞판·뒤판 완성선
- 백 127
- 윤곽 : 백 778
- 롱앤드쇼트 ① 850
- 백 221
- 백 127
- 새틴 ① 778
- 스트레이트 127
- 윤곽 : 백 778
- 롱앤드쇼트 ① 850
- 스트레이트 221
- 롱앤드쇼트 ① 778
- 백 221

※ 고양이 얼굴은 모두 778로 놓는다.
눈은 프렌치너트, 수염은 스트레이트 ①, 코는 스트레이트.

11

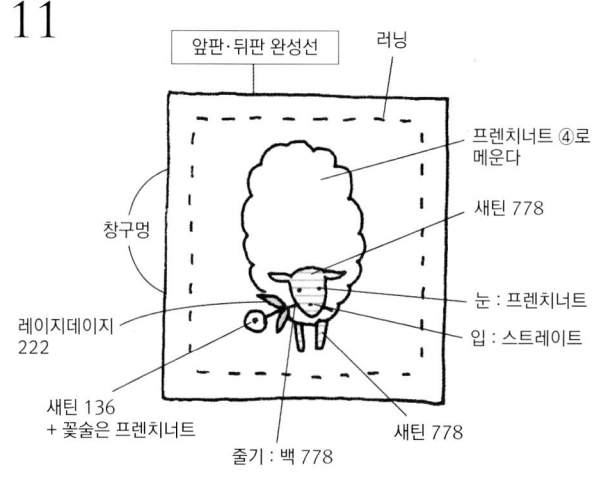

- 앞판·뒤판 완성선
- 러닝
- 프렌치너트 ④로 메운다
- 새틴 778
- 창구멍
- 눈 : 프렌치너트
- 입 : 스트레이트
- 레이지데이지 222
- 새틴 136 + 꽃술은 프렌치너트
- 새틴 778
- 줄기 : 백 778

※ 지정된 곳 이외는 850으로 놓는다.

❖ 브로치와 머리끈 만드는 법

7

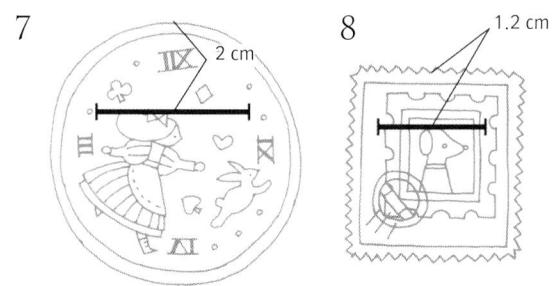

2 cm

8

1.2 cm

9

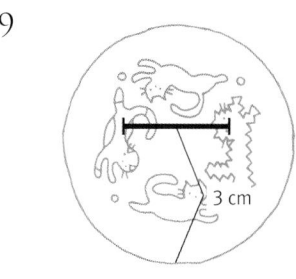

3 cm

7·8 : 앞판과 뒤판을 완성선대로 자른다. 그다음은 7쪽 〈수예용 본드로 붙여서 납작하게 만들기〉를 참조하여 마무리한다(브로치 핀 다는 법은 77쪽 참조).

9 : 앞판과 뒤판을 완성선대로 자른 다음, 2장을 안과 안끼리 맞대고 둘레를 감친다(실은 778 사용). 뒤에 브로치핀을 단다(브로치핀 다는 법은 77쪽 참조).

10

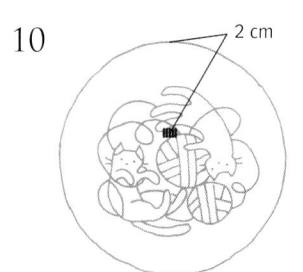

2 cm

10 : 9와 같은 방법으로 둘레를 감친다. 마지막 1cm 부분에서 솜을 채운 다음 감쳐서 막는다. 뒤에 링고무줄을 꿰매어 단다.

11

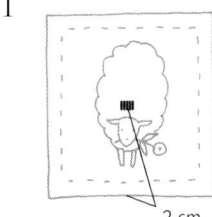

2 cm

11 : 6쪽 〈주머니 모양으로 볼록하게 만들기〉를 참조해서 마무리한다(겉면으로 뒤집기 전에 네 모퉁이 끝을 자른다). 뒤에 링고무줄을 꿰매어 단다.

16　　　　　　　　17

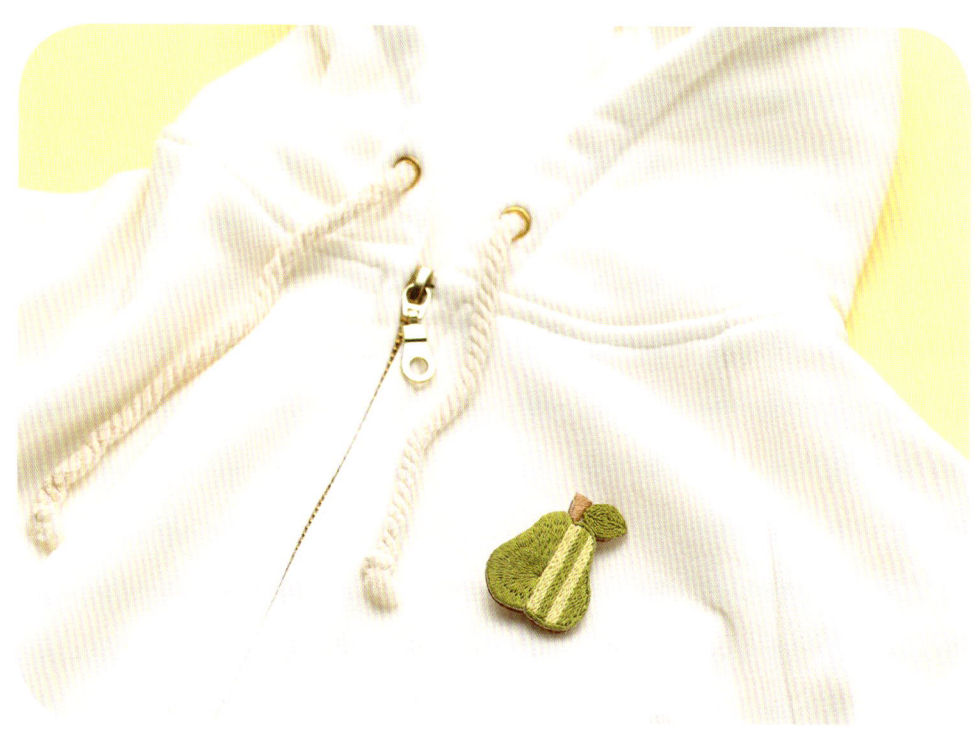

캐주얼한 모티프라
스포티한 옷에도
잘 어울려요.

과일 (12-17)

PHOTO : P20-21

※ 숫자는 색상번호, ○ 안은 실의 가닥 수. 지정된 곳 이외는 3가닥.

재료
- 12~15 : 【앞판】 리넨 【뒤판】 가죽(두께 약 1mm), 양면 접착심지, 보강천(리넨), 브로치핀(12번과 14번은 30mm, 13번과 15번은 25mm) 각1개
- 16~17 : 【앞판】 리넨 【뒤판】 가죽(두께 약 1mm), 양면 접착심지, 보강천(리넨), 링고무줄 각 1개

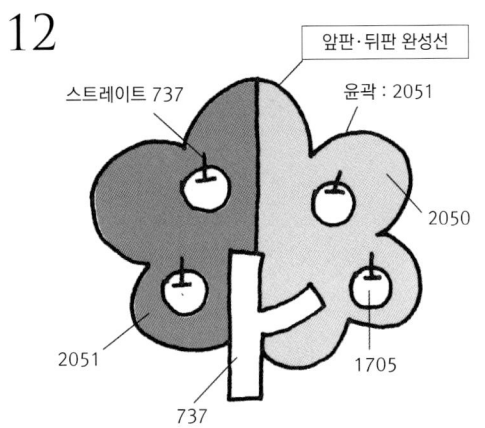

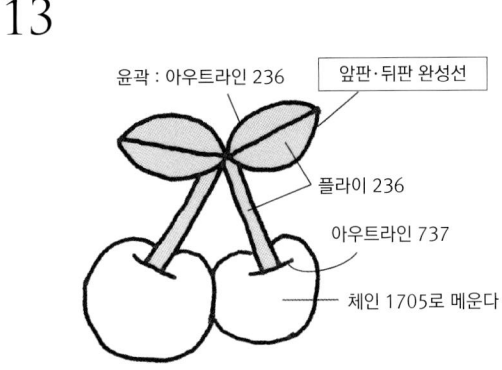

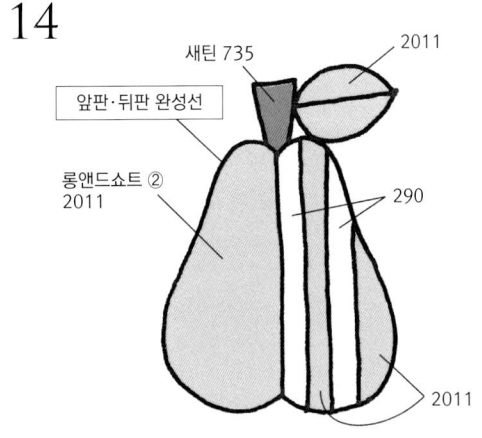

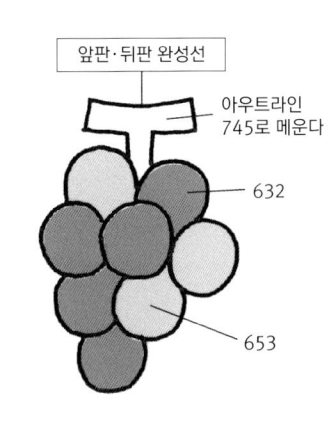

※ 숫자는 색상번호, 실은 모두 3가닥. 프렌치너트는 2번 감기.

16
- 체인 한 바퀴 + 아우트라인 한 바퀴 512
- 앞판·뒤판 완성선
- 새틴 520
- 아우트라인 520으로 메운다
- 프렌치너트 522로 메운다

17
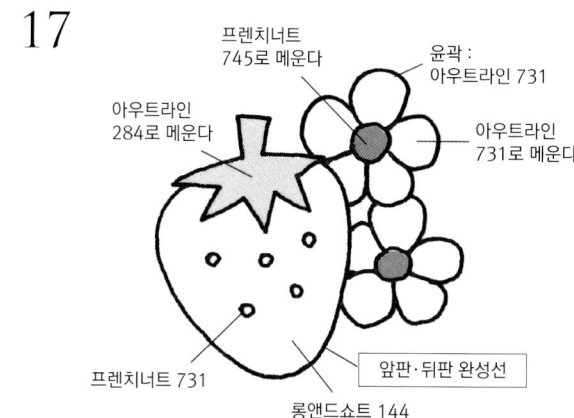
- 프렌치너트 745로 메운다
- 윤곽 : 아우트라인 731
- 아우트라인 284로 메운다
- 아우트라인 731로 메운다
- 프렌치너트 731
- 앞판·뒤판 완성선
- 롱앤드쇼트 144

❖ 브로치와 머리끈 만드는 법

12~17 :
① 앞판의 뒷면에 양면 접착심지와 보강천을 붙인다. 올풀림 방지액을 바른 다음 말린다.
② ①에 맞춰서 뒤판을 자른다. 브로치핀을 본드로 붙인 다음, 실로 꿰매어 단다(브로치핀 다는 법은 77쪽 참조). 링고무줄을 꿰매어 단다.
③ ①과 ②를 본드로 붙여준다.

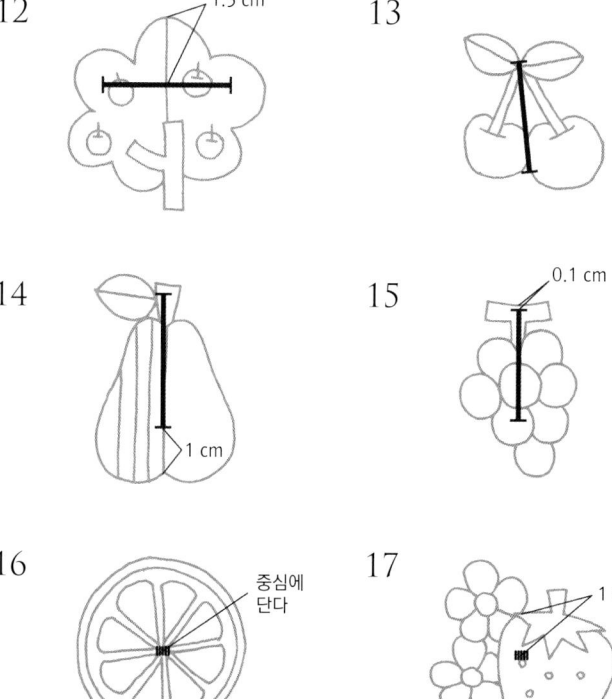

귀여운 소품

잉크병과 열쇠, 모자와 장갑.
자연스러운 포인트로 활용하기 좋은 자수 소품.

DESIGN & MAKING : 고무라타 노리코
HOW TO MAKE : P26-27

18
19
20
21

귀여운 소품 (18-23)

PHOTO : P24-25

※ 숫자는 색상번호, ○ 안은 실의 가닥 수. 지정된 곳 이외는 1가닥.
프렌치너트는 2번 감기. 지정된 곳 이외는 아우트라인으로 놓는다.

재료
- 18~21 :【앞판·뒤판】펠트(두께 2mm), 브로치핀(25mm) 각1개
- 22·23 :【앞판·뒤판】펠트(두께 2mm), 링고무줄 각1개

18

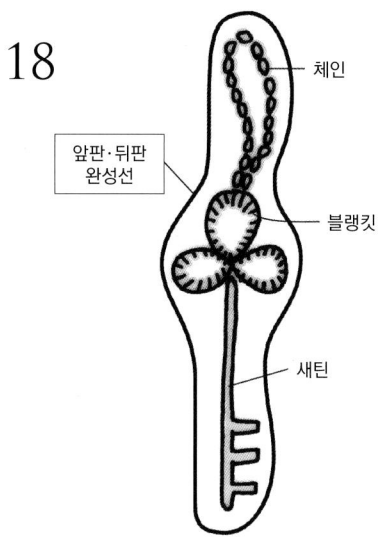

체인
앞판·뒤판 완성선
블랭킷
새틴

※ 실은 전부 S105로 놓는다.

19

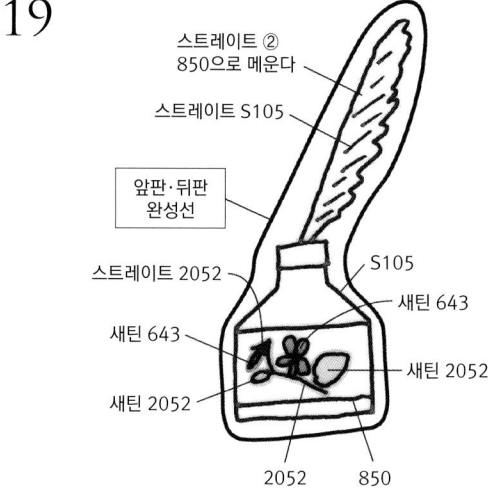

스트레이트 ②
850으로 메운다
스트레이트 S105
앞판·뒤판 완성선
스트레이트 2052
S105
새틴 643
새틴 643
새틴 2052
새틴 2052
2052   850

20

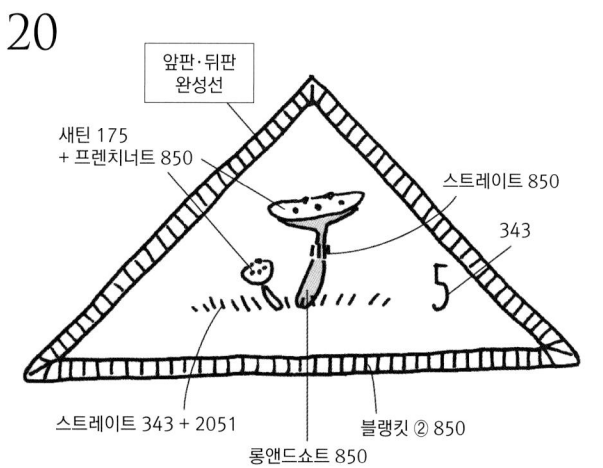

앞판·뒤판 완성선
새틴 175
+ 프렌치너트 850
스트레이트 850
343
5
스트레이트 343 + 2051
블랭킷 ② 850
롱앤드쇼트 850

21

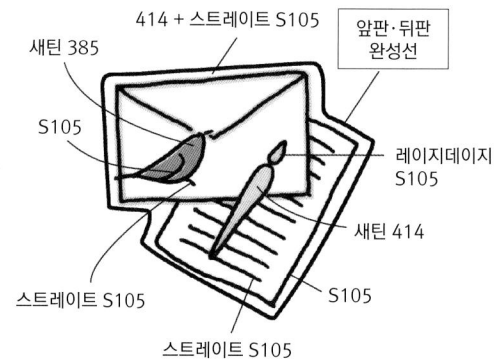

414 + 스트레이트 S105
앞판·뒤판 완성선
새틴 385
S105
레이지데이지 S105
새틴 414
스트레이트 S105
S105
스트레이트 S105

※ 숫자는 색상번호, ◯ 안은 실의 가닥 수. 지정된 곳 이외는 1가닥.
지정된 곳 이외는 체인으로 놓는다.

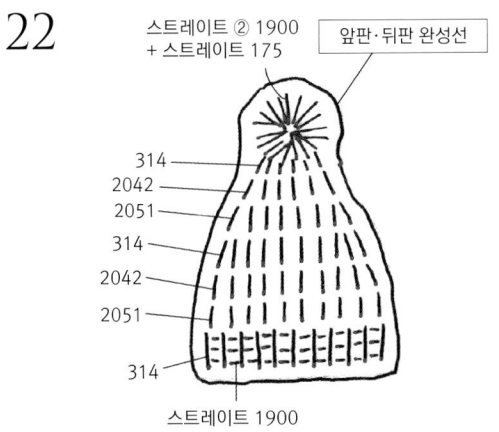

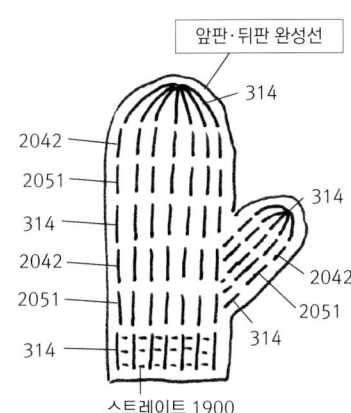

❖ 브로치와 머리끈 만드는 법

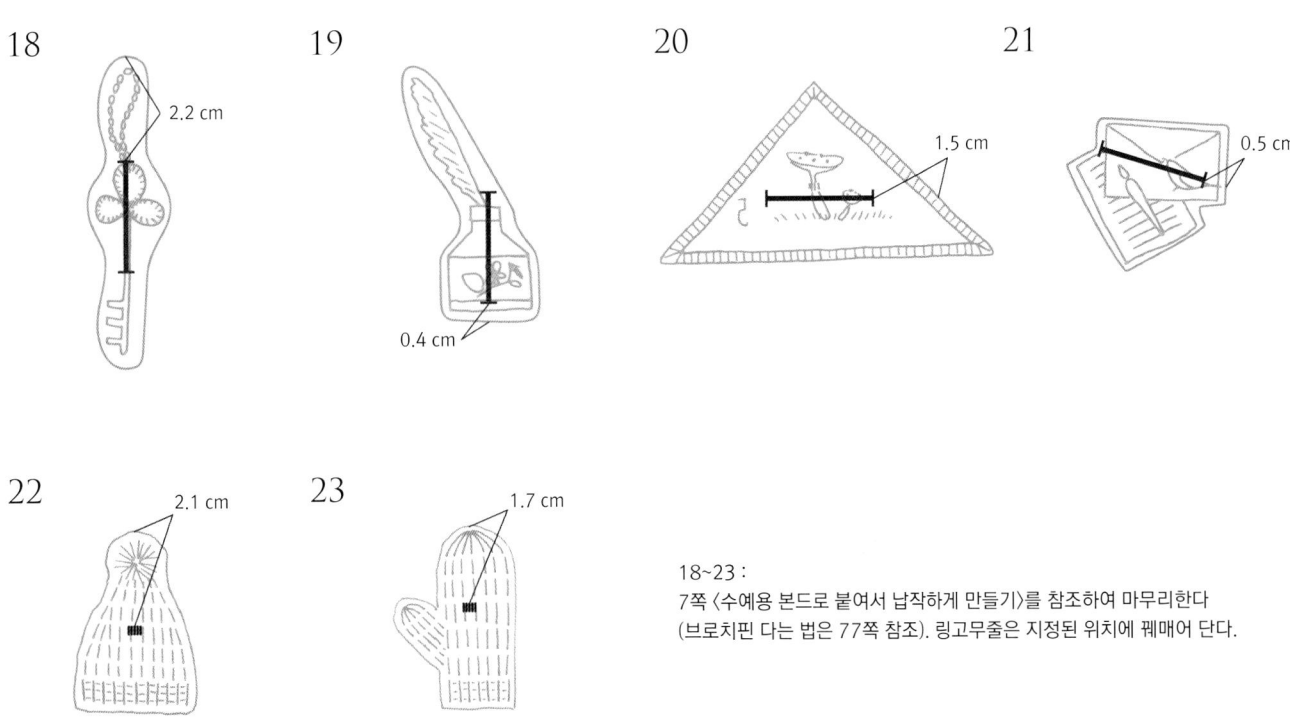

18~23 :
7쪽 〈수예용 본드로 붙여서 납작하게 만들기〉를 참조하여 마무리한다
(브로치핀 다는 법은 77쪽 참조). 링고무줄은 지정된 위치에 꿰매어 단다.

신기한 꽃들

세상에 있을 것 같지 않은 신기한 형태의
꽃 모티프. 배색까지 아름다운 디자인입니다.

DESIGN & MAKING : 시오 타마코
HOW TO MAKE : P30-31

26

25

24

신기한 꽃들 (24-28)

PHOTO : P28-29

※ 숫자는 색상번호, 실은 전부 2가닥. 프렌치너트는 지정된 곳 이외는 3번 감기, 불리언은 4번 감기. 지정된 곳 이외는 롱앤드쇼트로 놓는다.

※ 25번은 앞판Ⓐ 위에 완성선의 폭보다 약간 크직하게 자른 앞판Ⓑ를 올리고 가장자리를 본드로 고정한다. 가운데 도안을 수놓았으면 앞판Ⓑ의 가장자리를 접어 넣고 액자 부분을 수놓는다.

재료

- 24·26 : 【앞판】리넨 【뒤판】펠트(두께 1mm), 브로치핀(25mm) 각1개
- 25 : 【앞판Ⓐ】리넨 【앞판Ⓑ】면(무늬천) 【뒤판】펠트(두께 1mm), 브로치핀(25mm) 1개
- 27 : 【앞판】펠트(두께 1mm) 【뒤판】리넨, 수예용 솜 적당량, 링고무줄 1개
- 28 : 【앞판】리넨 【뒤판】펠트(두께 1mm), 수예용 솜 적당량, 링고무줄 1개

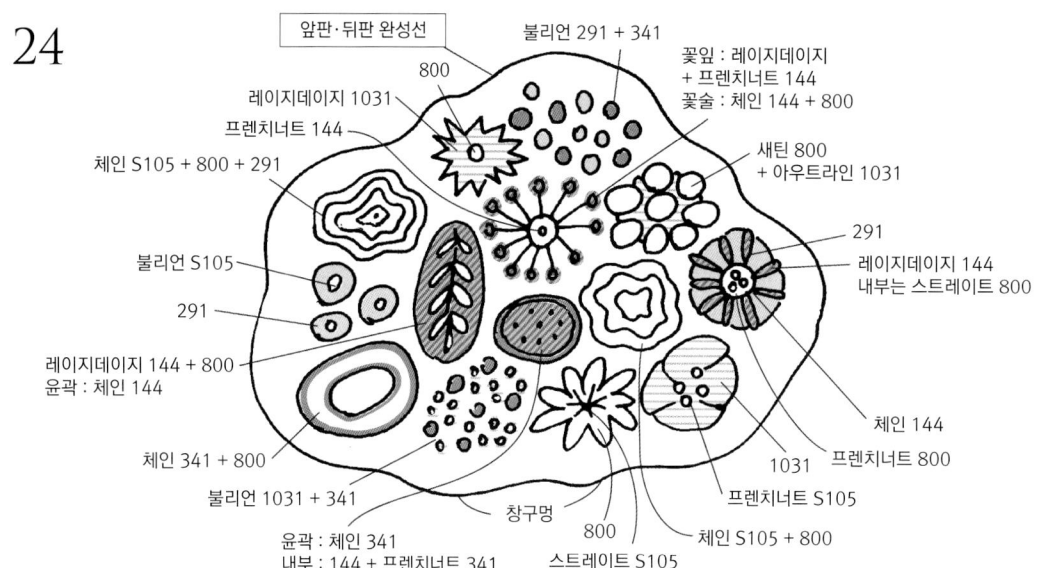

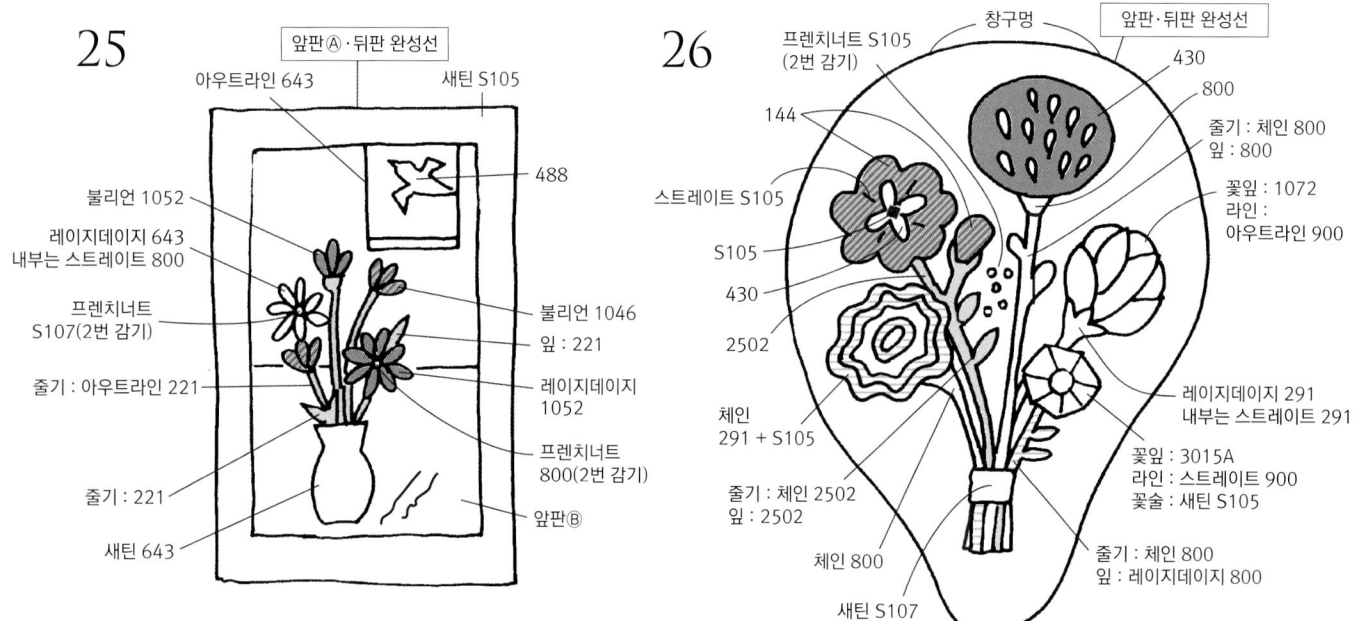

※ 숫자는 색상번호, 실은 전부 2가닥. 프렌치너트는 3번 감기, 불리언은 2번 감기. 지정된 곳 이외는 새틴으로 놓는다.

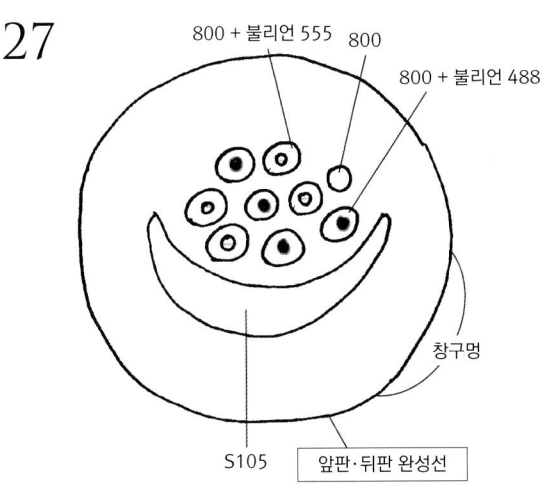

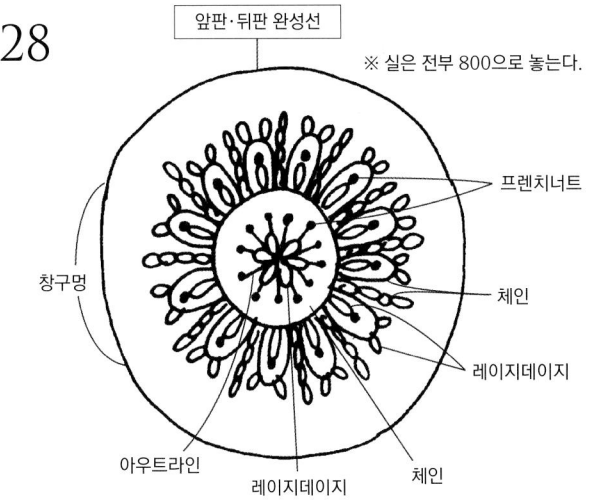

❖ 브로치와 머리끈 만드는 법

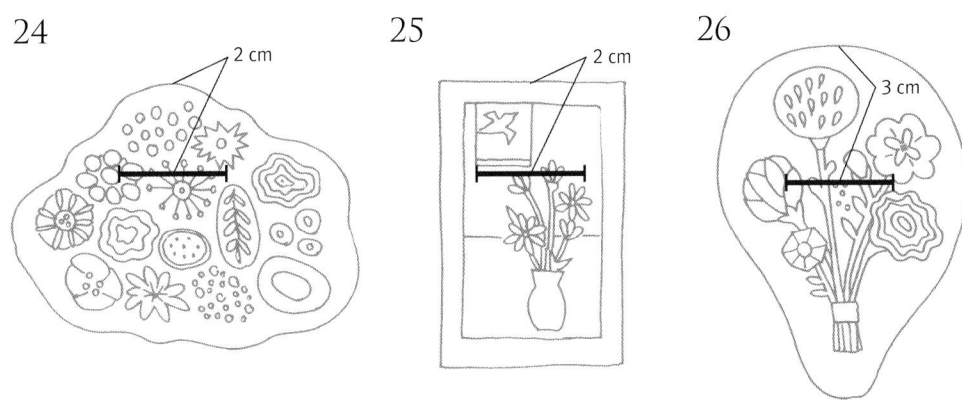

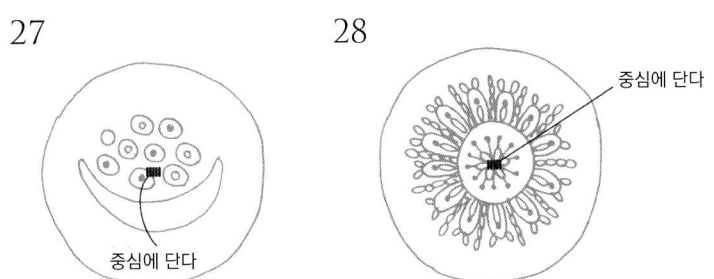

24·26 : 6쪽 〈주머니 모양으로 볼록하게 만들기〉를 참조해서 완성한다. 뒤에 브로치핀을 단다(브로치핀 다는 법은 77쪽 참조).

25 : 앞판Ⓐ는 완성선 바깥쪽에 5mm의 시접분을 두고 자르고 뒤판은 완성선대로 잘라 2장 준비. 앞판Ⓐ의 시접을 접어 넣고 뒤판 1장과 맞대고 감친다. 다른 1장의 뒤판에 브로치핀을 꿰매어 달고 둘을 본드로 붙여준다.

27·28 : 6쪽 〈주머니 모양으로 볼록하게 만들기〉를 참조해서 완성한다. 뒤에 링고무줄을 꿰매어 단다.

도형 아이템

○△□ 모양으로 색깔 놀이.
뭐니 뭐니 해도 귀여운 게 최고 ♬

DESIGN & MAKING : 가야시마 레이코
HOW TO MAKE : P34-35

29

30

31

32

33

34

펜던트로 달아보세요.
장난감처럼 귀여워요!

도형 아이템 (29-34)

PHOTO : P32-33

※ 숫자는 색상번호, ○ 안은 실의 가닥 수. 지정된 곳 이외는 2가닥.
  지정된 곳 이외는 롱앤드쇼트로 놓는다.
※ 32번은 앞판에 접착심지를 붙인 후에 자수를 놓는다.

재료

- 29 : 【앞판Ⓐ·Ⓑ】 리넨 【뒤판】 가죽(두께 2mm), 두꺼운 종이, 브로치핀(25mm) 1개
- 30 : 【앞판】 펠트(두께 2mm) 【뒤판】 합성피혁(얇은 것), 브로치핀(30mm) 1개
- 31 : 【앞판·뒤판】 면, 두꺼운 종이, 브로치핀(25mm) 1개
- 32 : 【앞판】 면 【뒤판】 펠트, 접착심지, 두꺼운 종이, 브로치핀(30mm) 1개
- 33 : 【앞판】 면, 싸개단추(머리끈용, 클로버 58-654), 링고무줄 1개
- 34 : 【앞판Ⓐ·Ⓑ, 뒤판】 리넨, 접착 퀼트심지, 링고무줄 1개

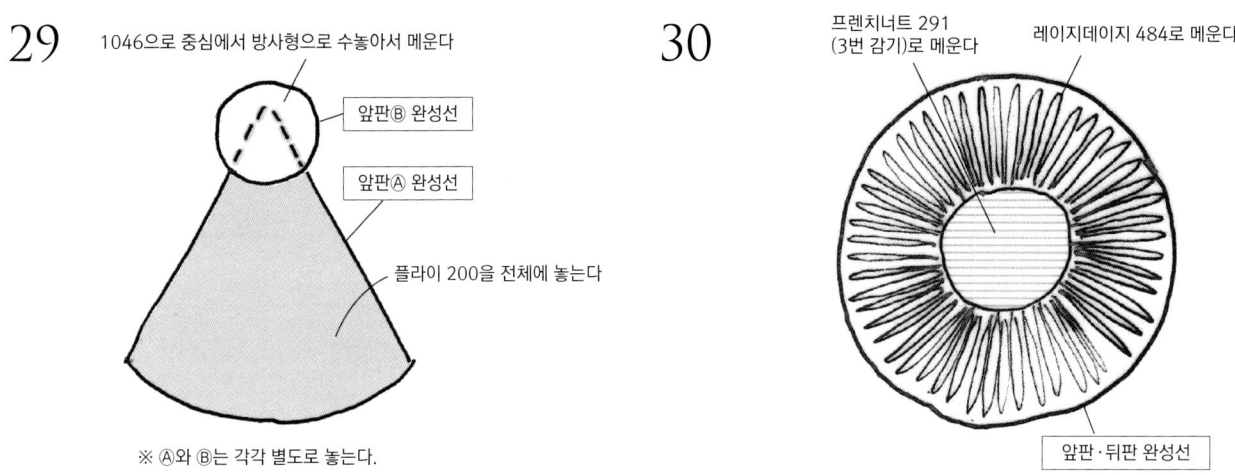

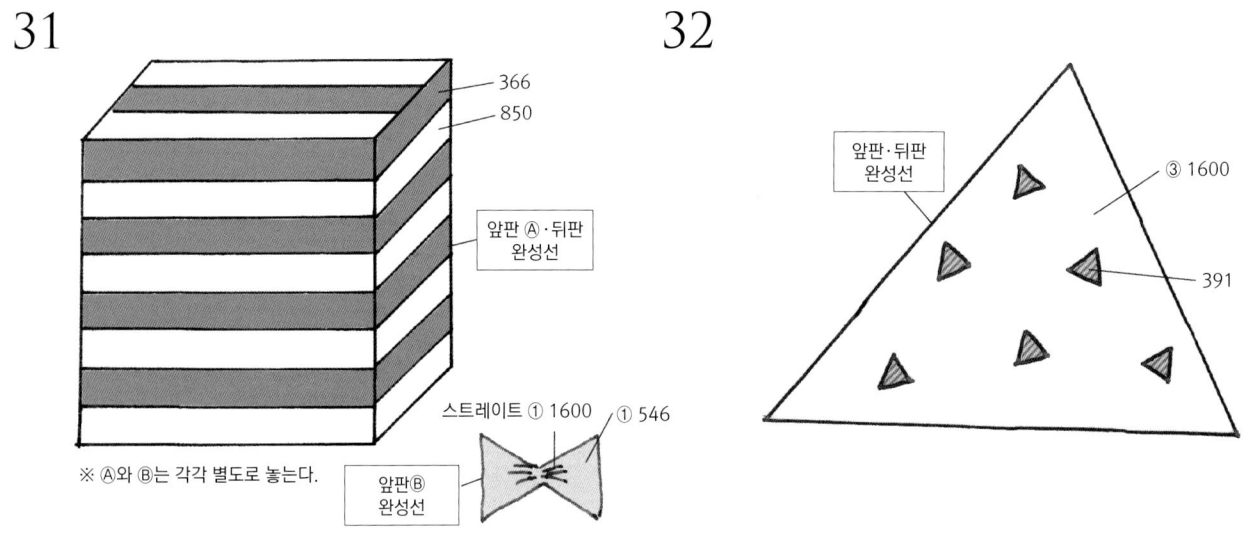

※ 숫자는 색상번호, ○ 안은 실의 가닥 수.

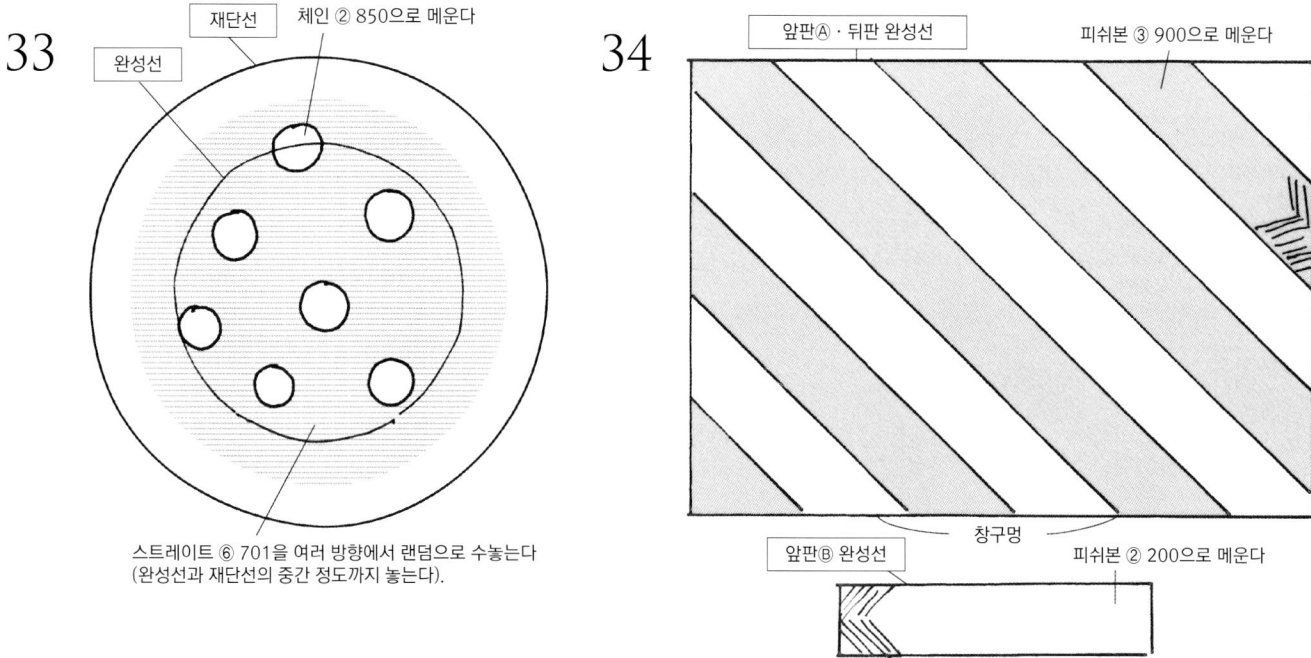

❖ 브로치와 머리끈 만드는 법

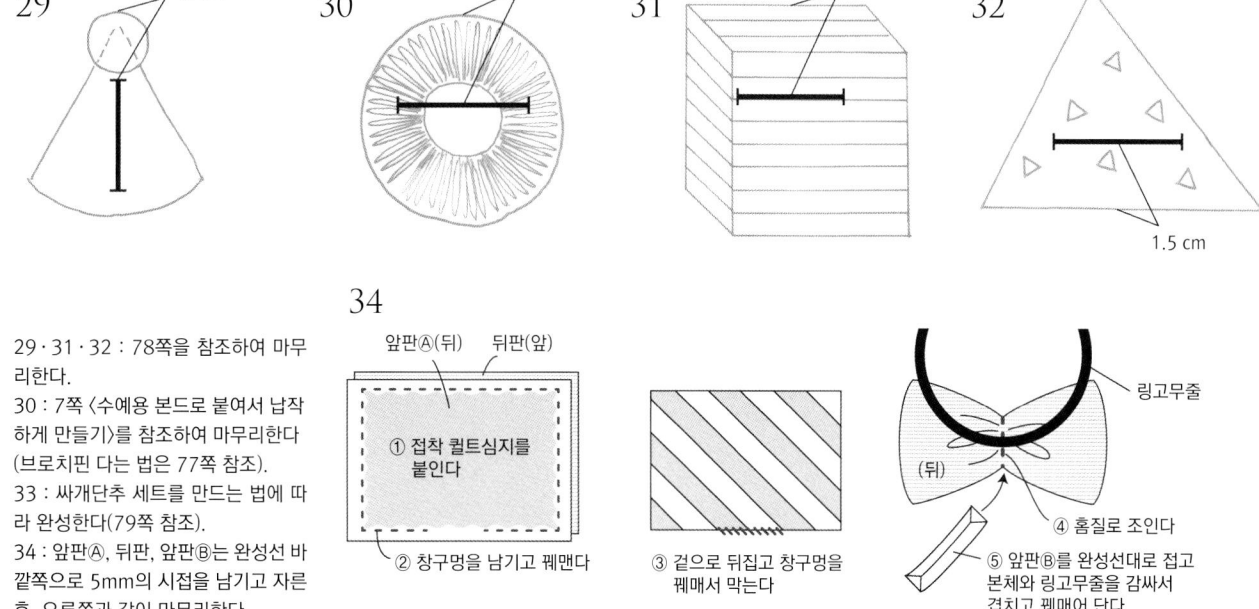

29·31·32 : 78쪽을 참조하여 마무리한다.
30 : 7쪽 〈수예용 본드로 붙여서 납작하게 만들기〉를 참조하여 마무리한다 (브로치핀 다는 법은 77쪽 참조).
33 : 싸개단추 세트를 만드는 법에 따라 완성한다(79쪽 참조).
34 : 앞판Ⓐ, 뒤판, 앞판Ⓑ는 완성선 바깥쪽으로 5mm의 시접을 남기고 자른 후, 오른쪽과 같이 마무리한다.

38

39

세련된 꽃 (35-39)

PHOTO : P36-37

※ 숫자는 색상번호, 지정된 곳 이외는 3가닥. 프렌치너트는 2번 감기.
※ 35번은 앞판에 지름 2.5cm의 원 6개를 그려서 도안을 옮기고 각각 지정한 대로 수놓는다.

재료

- 35 · 36 : 【앞판 · 뒤판】 펠트(두께 1mm), 브로치핀(30mm) 각1개
- 37 : 【앞판 · 뒤판】 펠트(두께 1mm), 비즈(소(小), 실버) 약 80개, 브로치핀(30mm) 1개
- 38 : 【앞판】 리넨, 싸개단추(머리끈용, 클로버 58-654), 링고무줄 1개
- 39 : 【앞판】 면 오건디*, 꽃받침용 펠트(두께 1mm), 수예용 솜 적당량, 링고무줄 1개
  * 오건디 : 아주 얇게 평직으로 짠 가볍고 비치는 면직물.

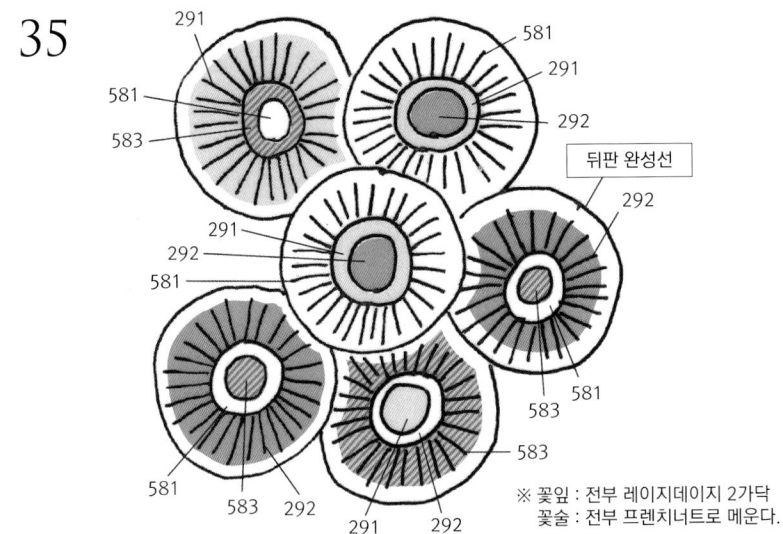

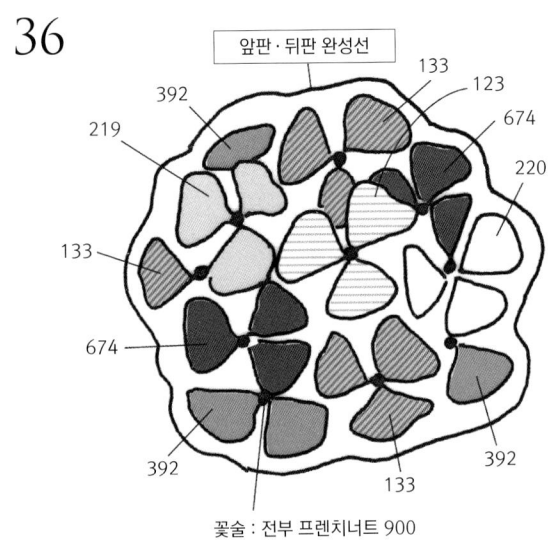

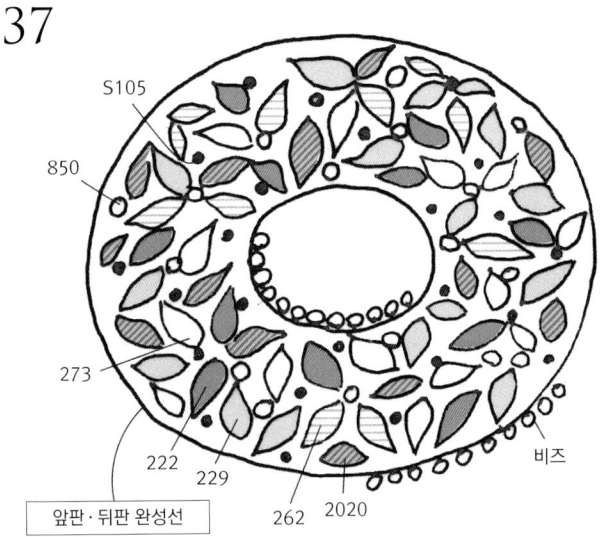

38

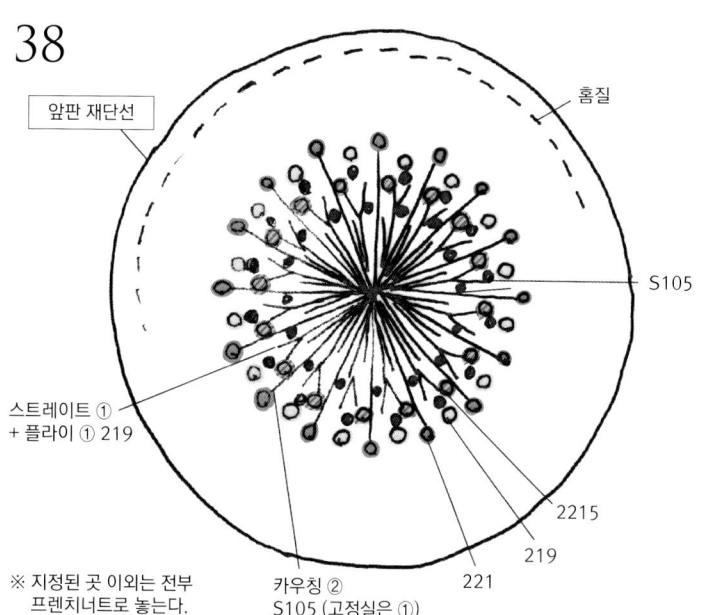

※ 숫자는 색상번호. ◯ 안은 실의 가닥 수. 지정된 곳 이외는 3가닥.
프렌치너트는 2번 감기.

※ 39번은 오건디에 색상별로 하나씩 수놓는다.

39

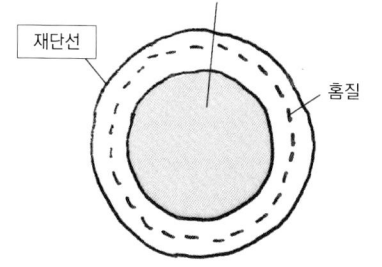

프렌치너트 S105, 6655, 135로 각각 1개씩 메운다.

❖ 브로치와 머리끈 만드는 법

35
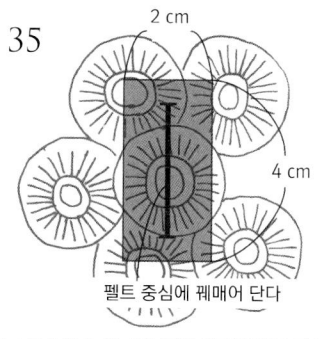

36
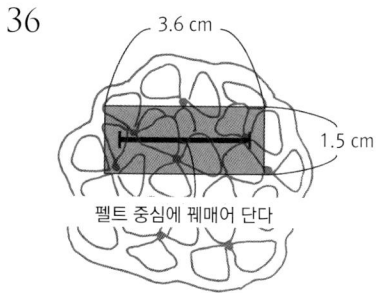

37
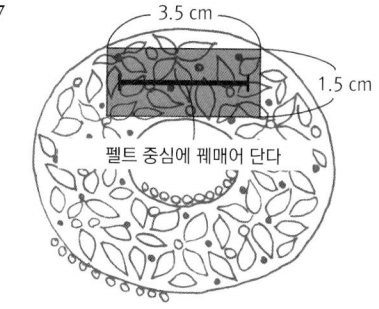

35 : 자수를 놓은 6개 원의 가장자리를 자른다. 완성선대로 자른 뒤판에 포개면서 붙인다. 뒷면에 브로치핀을 단 펠트를 붙인다(브로치핀 다는 법은 77쪽 참조).

36 : 7쪽 〈수예용 본드로 붙여서 납작하게 만들기〉를 참조하여 마무리하고 뒷면에 브로치핀을 단 펠트를 붙인다(브로치핀 다는 법은 77쪽 참조).

37 : 앞판과 뒤판은 완성선대로 자르고 안끼리 맞대고 붙인다. 바깥 둘레, 안 둘레에 비즈를 꿰매서 고정한 다음, 브로치핀을 단 펠트를 붙인다(브로치핀 다는 법은 77쪽 참조).

38 : 싸개단추 키트를 만드는 법에 따라 마무리한다(79쪽 참조).

39 : 자수를 다 놓았으면 각각 둘레를 홈질한 다음, 재단선대로 자른다. 아래와 같이 만든다.

39

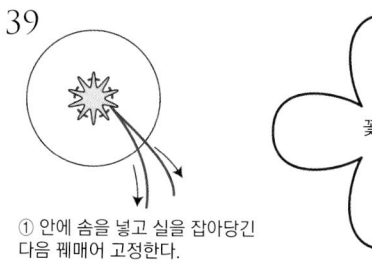

① 안에 솜을 넣고 실을 잡아당긴 다음 꿰매어 고정한다.

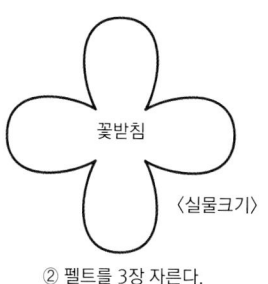

② 펠트를 3장 자른다.

③ 꽃받침 중심에 ①을 꿰매어 단다.

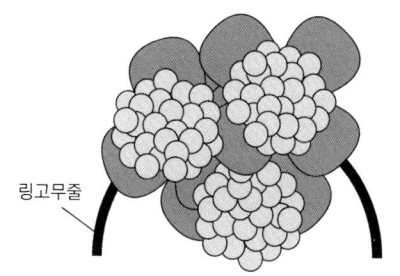

④ 3개의 꽃을 잘 모아서 링고무줄에 꿰매어 단다.

작은 크리스마스 (40-44)

PHOTO : P40-41

※ 숫자는 색상번호, ○ 안은 실의 가닥 수. 지정된 곳 이외는 3가닥.
프렌치너트는 2번 감기.

재료
- 40·42 : 【앞판】 펠트(두께 1mm) 【뒤판】 펠트(두께 2mm), 브로치핀(40번은 35mm, 42번은 20mm) 각1개
- 41 : 【앞판·뒤판】 펠트(두께 2mm), 브로치핀(20mm) 1개
- 43 : 【앞판·뒤판】 펠트(두께 1mm), 두꺼운 종이, 링고무줄 1개
- 44 : 【앞판】 면 【뒤판】 펠트(두께 1mm), 수예용 솜 적당량, 링고무줄 1개

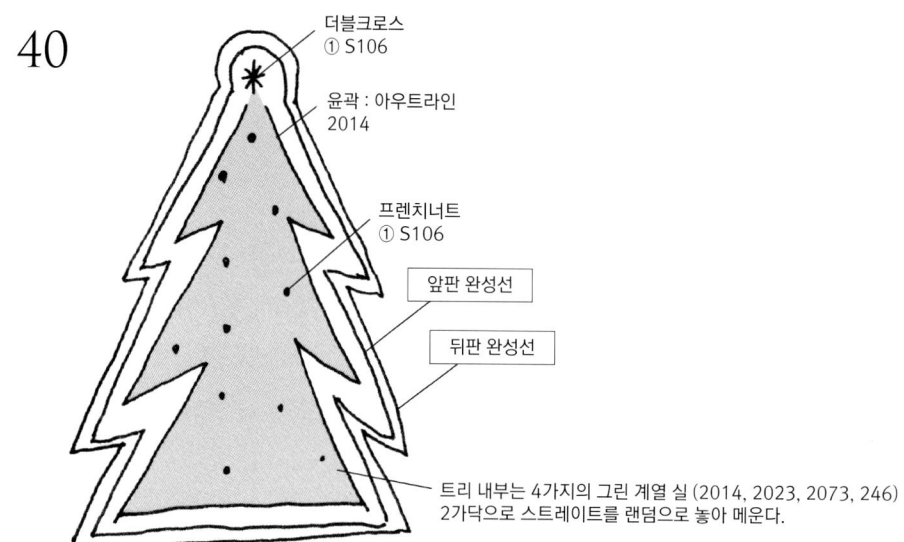

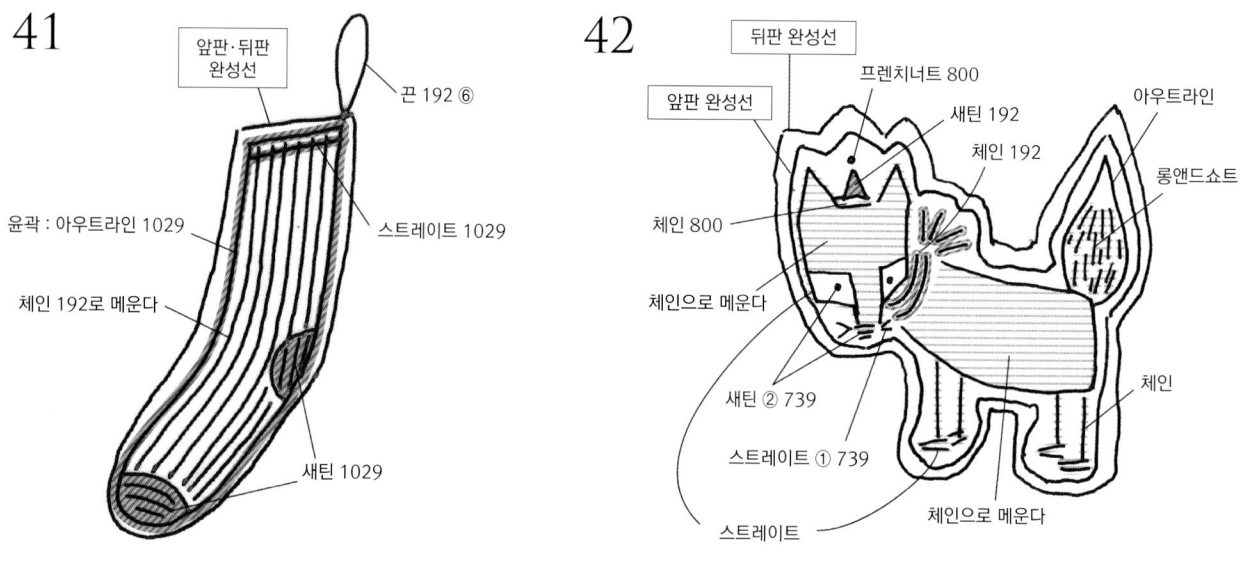

※ 숫자는 색상번호, ○ 안은 실의 가닥 수. 프렌치너트는 2번 감기.

43

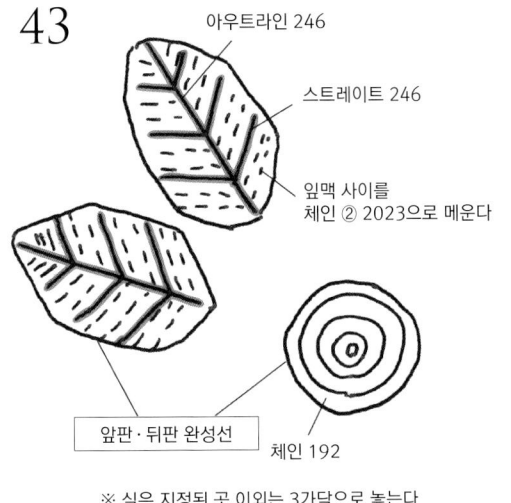

- 아우트라인 246
- 스트레이트 246
- 잎맥 사이를 체인 ② 2023으로 메운다
- 앞판·뒤판 완성선
- 체인 192

※ 실은 지정된 곳 이외는 3가닥으로 놓는다.

44

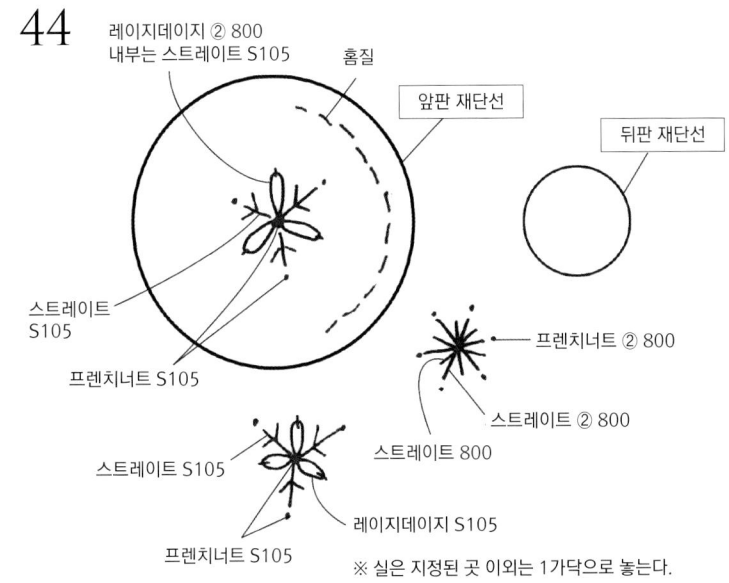

- 레이지데이지 ② 800 내부는 스트레이트 S105
- 홈질
- 앞판 재단선
- 뒤판 재단선
- 스트레이트 S105
- 프렌치너트 S105
- 프렌치너트 ② 800
- 스트레이트 ② 800
- 스트레이트 800
- 스트레이트 S105
- 프렌치너트 S105
- 레이지데이지 S105

※ 실은 지정된 곳 이외는 1가닥으로 놓는다.

❖ 브로치와 머리끈 만드는 법

40
1.8 cm

41
1.5 cm

42
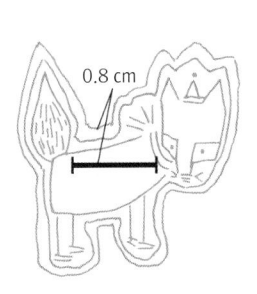
0.8 cm

40~42 :
앞판은 완성선대로 잘라 뒤판에 붙인다. 그다음은 7쪽 〈수예용 본드로 붙여서 납작하게 만들기〉를 참조하여 마무리한다 (브로치핀 다는 법은 77쪽 참조).

43
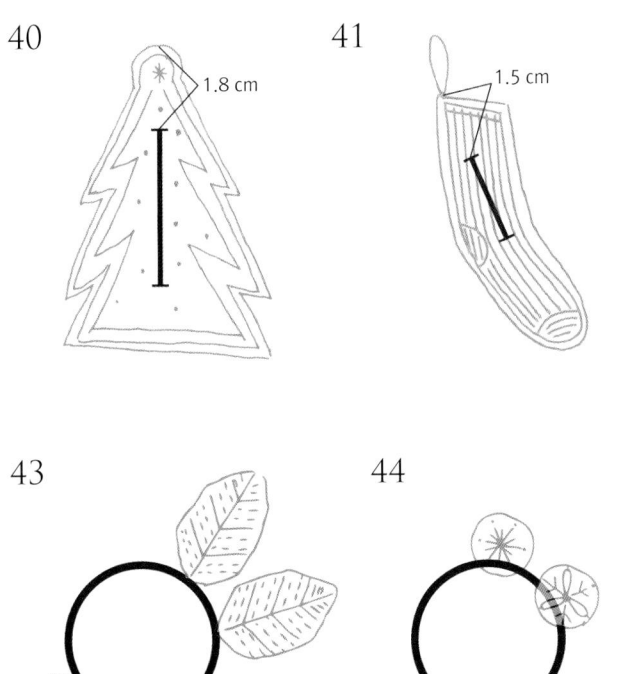

44
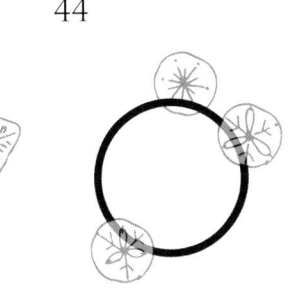

43 : 앞판과 뒤판을 완성선대로 자른다. 두꺼운 종이는 한둘레 작게 잘라 앞판과 뒤판 사이에 끼우고 둘레를 감친다. 3개의 부품을 링고무줄에 꿰매어 단다.

44 : 앞판은 홈질하고 뒤판은 재단선대로 자른다. 앞판에 솜을 채워 넣고 조인 다음 꿰매어 고정한다. 뒤판을 감쳐서 고정하고 링고무줄에 꿰매어 단다.

작은 동물들

섬세한 선으로 그린 작은 동물들.
금방이라도 살아 움직일 것 같습니다.

DESIGN & MAKING : 고무라타 노리코
HOW TO MAKE : P46-47

45

46

47

48 49

가방에 포인트로
달아보세요.
생기가 느껴집니다.

작은 동물들 (45-49)

PHOTO : P44-45

※ 숫자는 색상번호, ○ 안은 실의 가닥 수. 지정된 곳 이외는 1가닥. 지정된 곳 이외는 아웃라인으로 놓는다. 프렌치너트는 지정된 곳 이외는 3번 감기.

재료
- 45~47 : 【앞판·뒤판】리넨, 수예용 솜 적당량, 브로치핀(30mm) 각1개
- 48·49 : 【앞판】리넨(줄무늬)【뒤판】리넨, 링고무줄 각1개

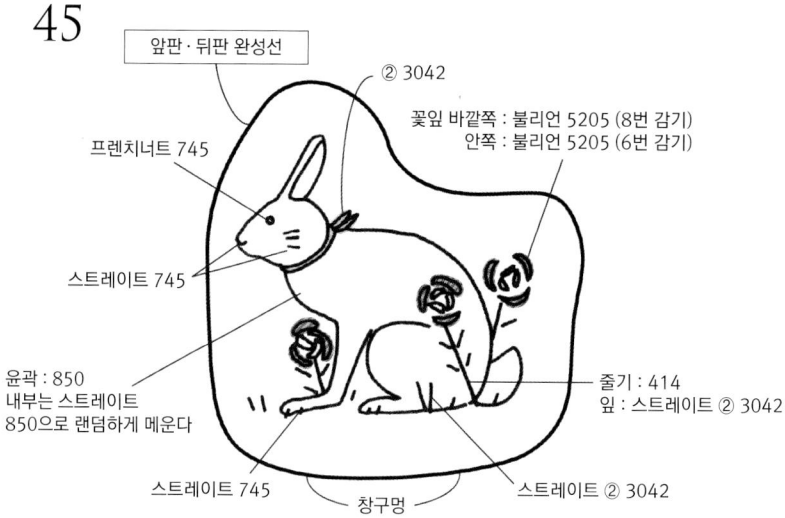

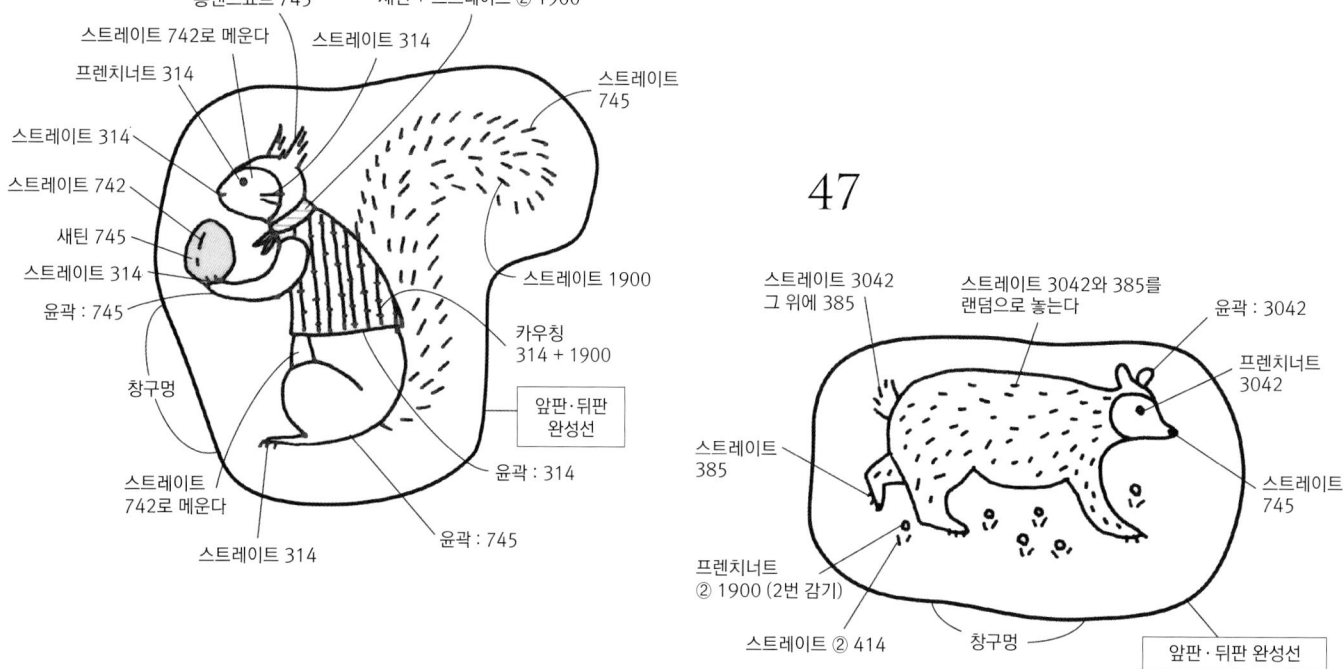

※ 숫자는 색상번호, ○ 안은 실의 가닥 수. 지정된 곳 이외는 1가닥.
프렌치너트는 지정된 곳 이외는 3번 감기.

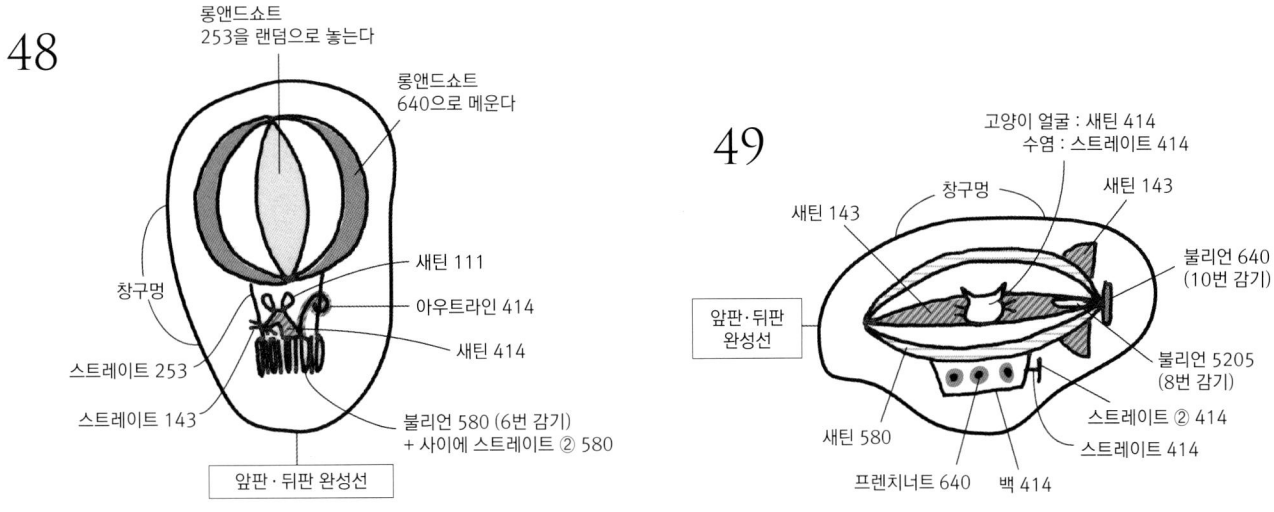

48
- 롱앤드쇼트 253을 랜덤으로 놓는다
- 롱앤드쇼트 640으로 메운다
- 창구멍
- 새틴 111
- 아우트라인 414
- 새틴 414
- 스트레이트 253
- 스트레이트 143
- 불리언 580 (6번 감기) + 사이에 스트레이트 ② 580
- 앞판·뒤판 완성선

49
- 고양이 얼굴 : 새틴 414
- 수염 : 스트레이트 414
- 창구멍
- 새틴 143
- 새틴 143
- 불리언 640 (10번 감기)
- 불리언 5205 (8번 감기)
- 스트레이트 ② 414
- 스트레이트 414
- 백 414
- 프렌치너트 640
- 새틴 580
- 앞판·뒤판 완성선

❖ 브로치와 머리끈 만드는 법

45 1.5 cm

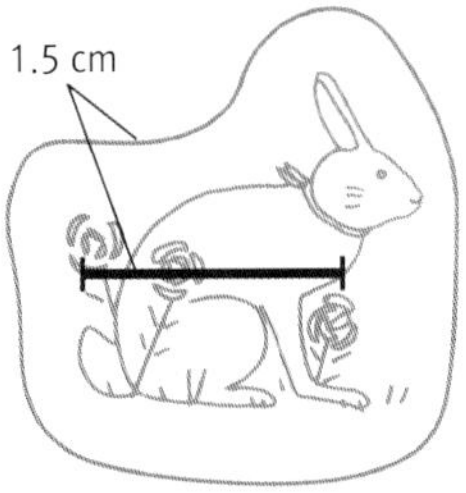

46 2 cm

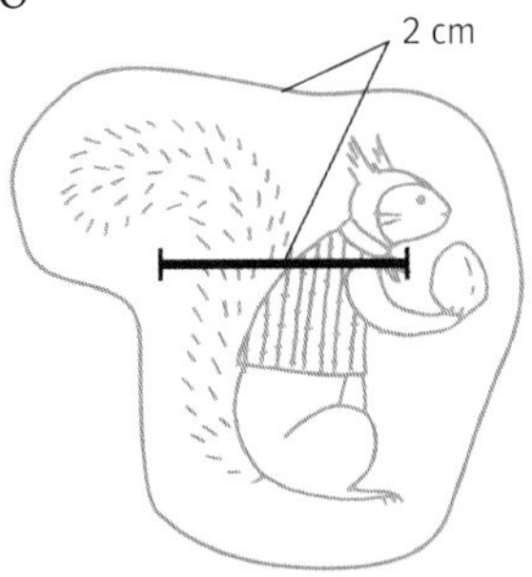

47 1.8 cm

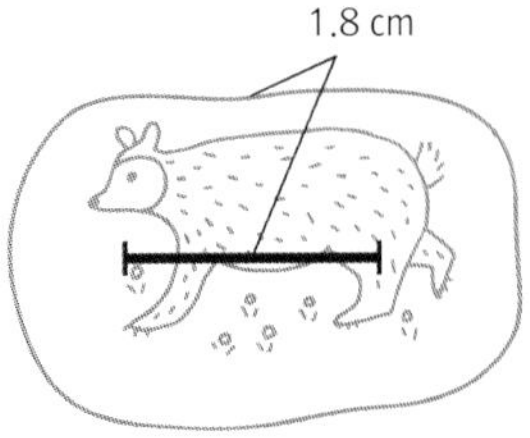

48 2 cm

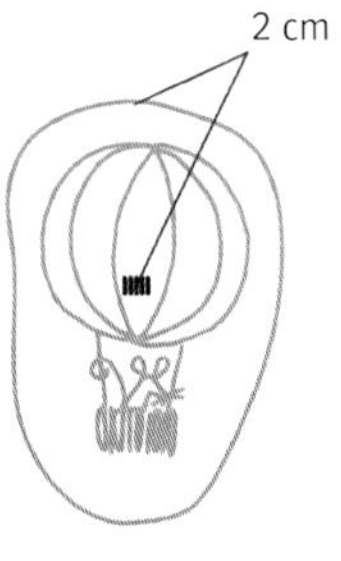

49 1.5 cm

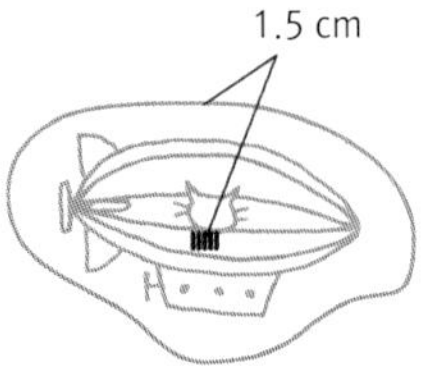

45~49 : 6쪽 〈주머니 모양으로 볼록하게 만들기〉를 참조해서 마무리한다.
45~47 : 뒷면에 브로치핀을 단다(브로치핀 다는 법은 77쪽 참조).
48~49 : 링고무줄을 꿰매어 단다.

할로윈 파티 (50-54)

PHOTO : P48-49

※ 숫자는 색상번호, ○ 안은 실의 가닥 수. 지정된 곳 이외는 2가닥.
프렌치너트는 2번 감기. 지정된 곳 이외는 롱앤드쇼트로 놓는다.

※ 52번은 먼저 앞판Ⓐ에 수를 놓고 완성선의 바깥쪽에 5mm의
시접 부분을 남기고 자른 후, 시접을 접어 넣고 앞판Ⓑ에 감친다.
그다음에 앞판Ⓑ의 꽃을 수놓는다.

재료

- 50 : 【앞판·뒤판】 펠트(두께 1mm), 브로치핀(25mm) 1개
- 51 : 【앞판】 면 【뒤판】 펠트(두께 1mm), 브로치핀(25mm) 1개
- 52 : 【앞판Ⓐ】 리넨(흰색)【앞판Ⓑ】 리넨(검정)【뒤판】 펠트(두께1mm), 브로치핀(25mm) 1개
- 53 : 【앞판】 리넨 【뒤판】 펠트(두께 1mm), 링고무줄 1개
- 54 : 【앞판·뒤판】 펠트(두께 1mm), 링고무줄 1개

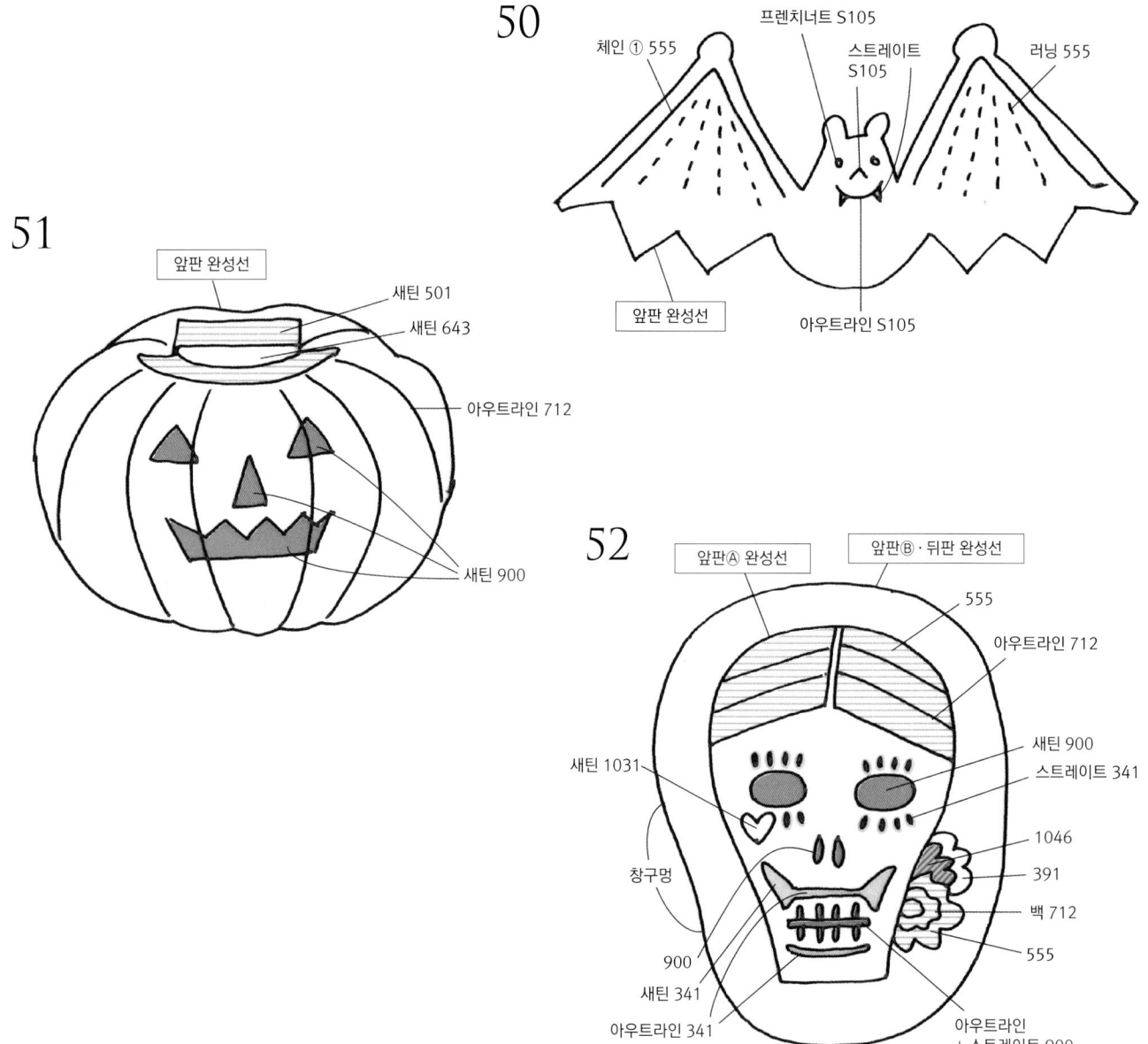

53

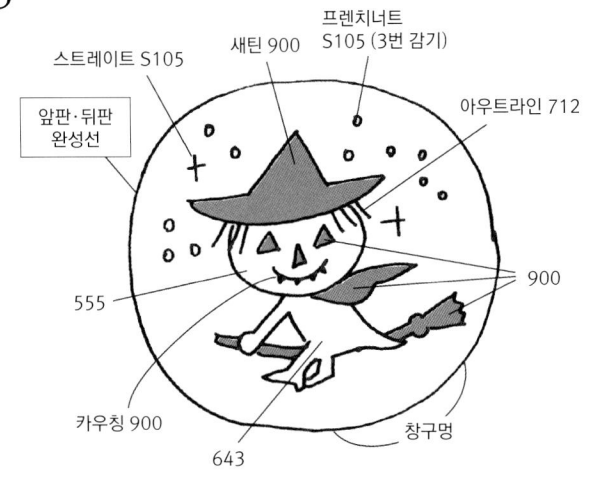

※ 숫자는 색상번호, 실은 전부 2가닥.
지정된 곳 이외는 롱앤드쇼트로 놓는다.

54

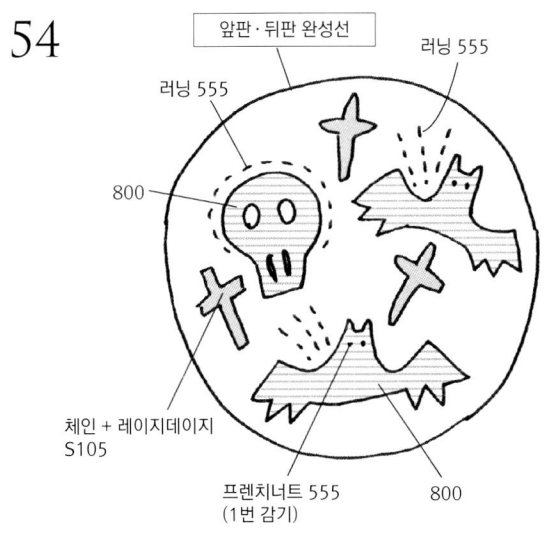

❖ 브로치와 머리끈 만드는 법

50

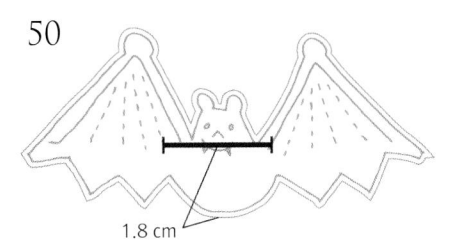

50 : 앞판은 완성선대로 잘라 뒤판인 펠트에 붙여준다. 뒤판을 완성선보다 2mm 정도 크게 자른 다음, 뒷면에 브로치핀을 단다(브로치핀 다는 법은 77쪽 참조).

51

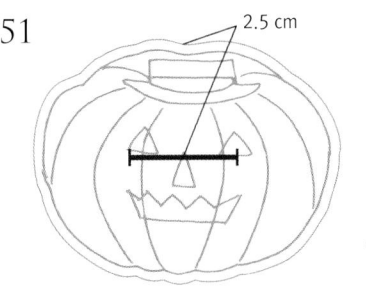

51 : 앞판은 완성선의 바깥쪽으로 5mm의 시접 부분을 남기고 자른다. 뒤판은 완성선보다 큼직하게 2장 자른다. 이하는 오른쪽과 같이 만든다.

① 앞판의 시접을 접어 넣고 뒤판 한 장에 감쳐서 붙인다
② 또 한 장의 뒤판을 뒤에 붙여준다
③ 둘레를 완성선보다 2mm 정도 크게 자른 다음, 뒷면에 브로치핀을 단다(브로치핀 다는 법은 77쪽 참조).

52

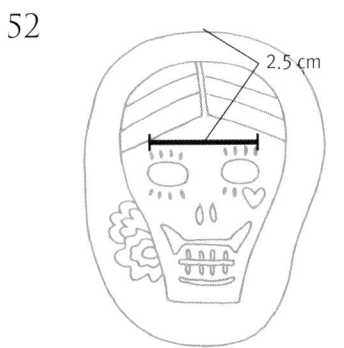

53

52·53 : 6쪽 〈주머니 모양으로 볼록하게 만들기〉를 참조해서 완성한다. 52번은 브로치핀을, 53번은 링고 무줄을 꿰매어 단다.

54

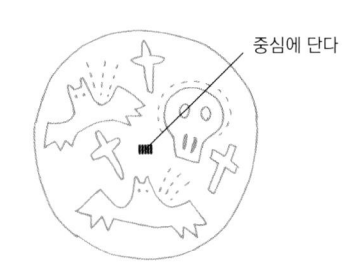

54 : 7쪽 〈수예용 본드로 붙여서 납작하게 만들기〉를 참조해서 완성한다. 뒷면에 링고무줄을 꿰매어 단다.

비비드 플라워

각양각색의 꽃들이 인상적인 디자인.
헝가리 스타일 자수를 즐겨보세요.

DESIGN & MAKING : BIRDCAFE
HOW TO MAKE : P54-55

59

60

단조로운 느낌의 파우치에
산뜻한 포인트가 됩니다.

비비드 플라워 (55-60)

PHOTO : P52-53

※ 숫자는 색상번호, 실은 전부 1가닥. 프렌치너트는 3번 감기. 지정된 곳 이외는 새틴으로 놓는다. 줄기는 잎과 같은 색, 아우트라인으로 놓는다.

재료

- 55·58 :【앞판·뒤판】면(55번은 도트무늬, 58번은 무지), 두꺼운 종이, 퀼트솜 각 적당량, 브로치핀(55번은 35mm, 58번은 25mm) 각1개
- 56·57 :【앞판·뒤판】리넨, 두꺼운 종이, 퀼트솜 각 적당량, 브로치핀(56번은 35mm, 57번은 25mm) 각1개
- 59 :【앞판·뒤판】리넨, 두꺼운 종이, 퀼트솜 적당량, 링고무줄 1개
- 60 :【앞판·뒤판】면, 두꺼운 종이, 퀼트솜 적당량, 링고무줄 1개

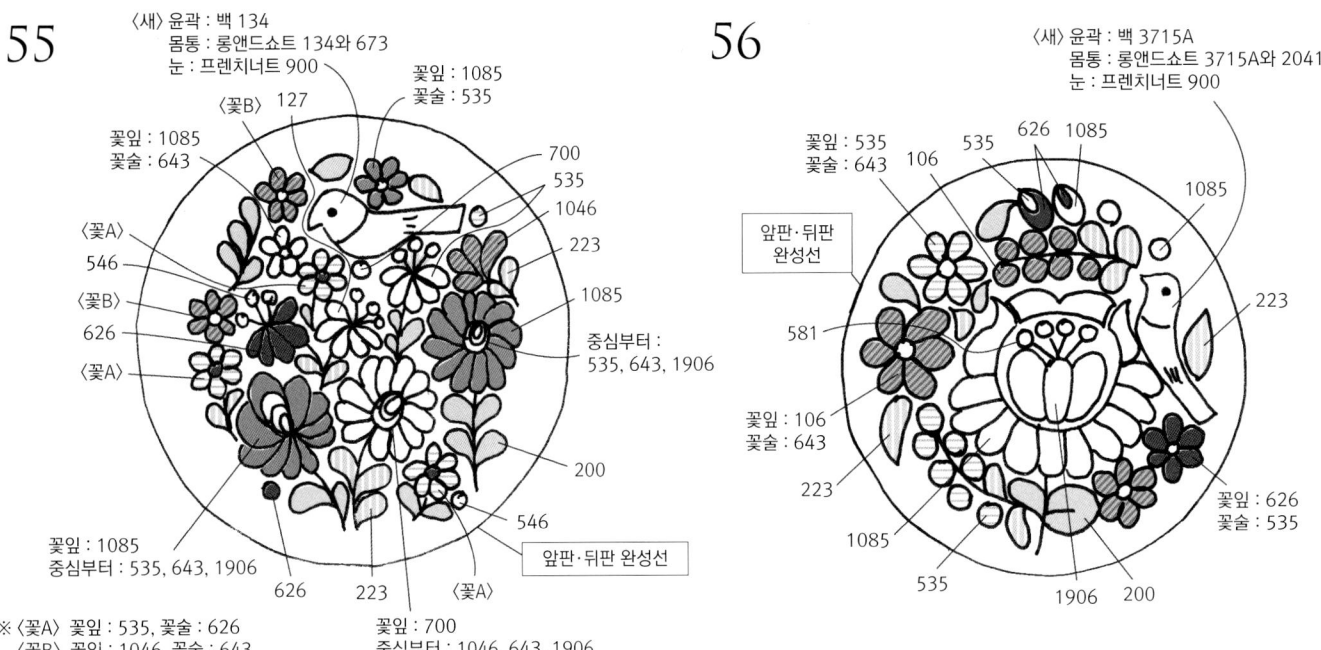

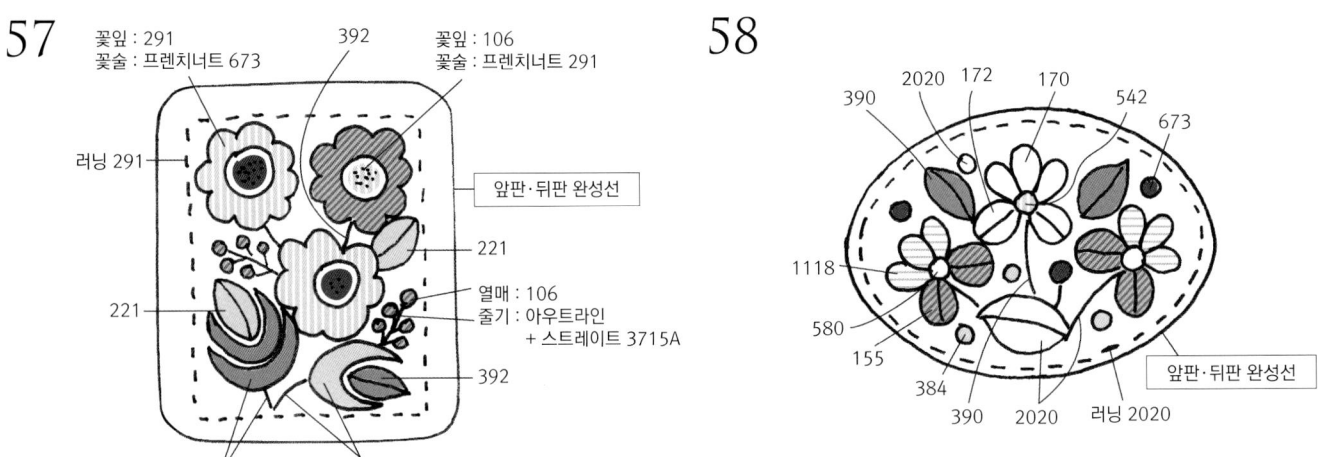

※ 숫자는 색상번호, 실은 전부 1가닥. 프렌치너트는 3번 감기.
지정된 곳 이외는 새틴으로 놓는다.

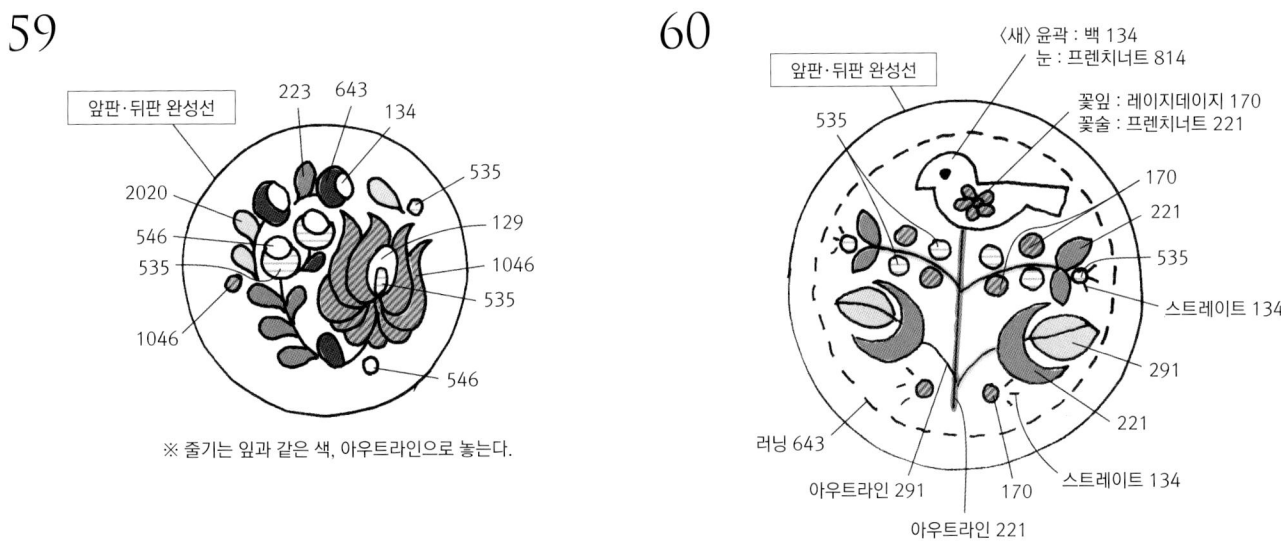

❖ 브로치와 머리끈 만드는 법

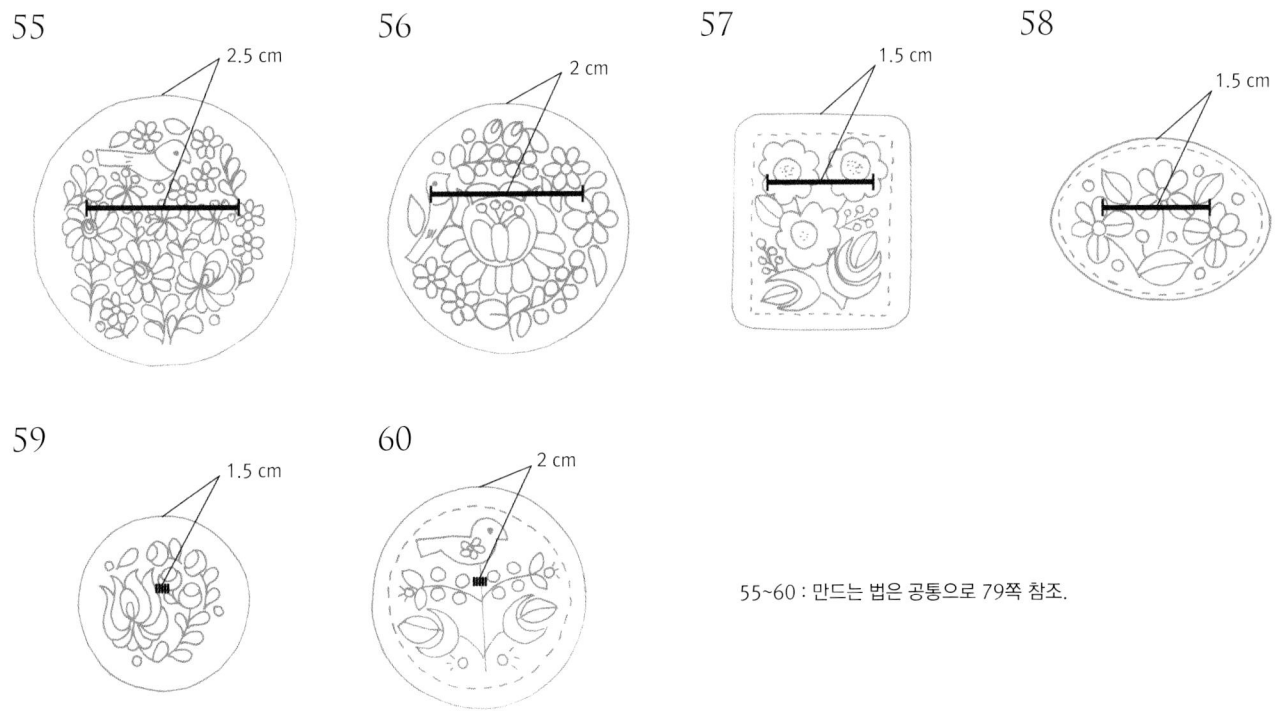

55~60 : 만드는 법은 공통으로 79쪽 참조.

우주

떨어지는 별똥별과 UFO.
즐겁게 코디해보세요.

DESIGN & MAKING : 가야시마 레이코
HOW TO MAKE : P58-59

61

62

63

64
a
b
c

우주 (61-66)

PHOTO : P56-57

재료
- 61 : 【앞판】면 【뒤판】펠트(두께 1mm), 접착 퀼트심지, 브로치핀(25mm) 1개
- 62 : 【하늘색 부분 앞판·뒤판】면 【별 앞판】리넨 【별 뒤판】펠트(두께 2mm), 접착심지, 퀼트용 솜 적당량, 브로치핀(25mm) 1개
- 63·66 : 【앞판】리넨 【뒤판】합성피혁(두께 1mm), 63번은 브로치핀(25mm) 1개, 66번은 링고무줄 1개
- 64 : 【앞판】면 【뒤판】펠트(두께 2mm), 접착심지, 브로치핀(25mm) 각1개
- 65 : 【앞판】펠트(두께 1mm) 【뒤판】합성피혁, 비즈(소(小), 실버) 8개, 스팽글(3mm, 실버) 27개, 링고무줄 1개

※ 숫자는 색상번호. 실은 각각 지정된 가닥 수로 놓는다.
※ 62번은 하늘색 부분과 별을 따로 수놓는다. 둘 다 앞판에 접착심지를 붙인 다음 수를 놓는다.
※ 64번은 앞판의 뒤쪽에 접착심지를 붙인 다음 수를 놓는다.

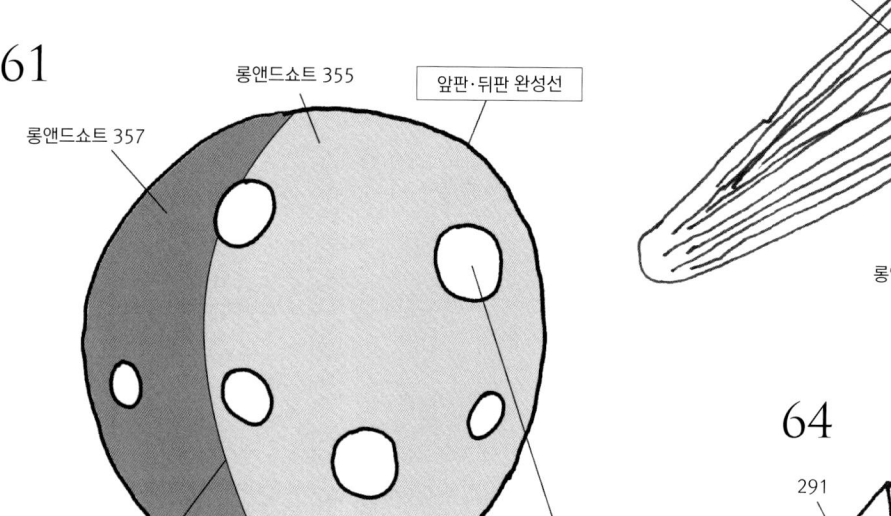

61

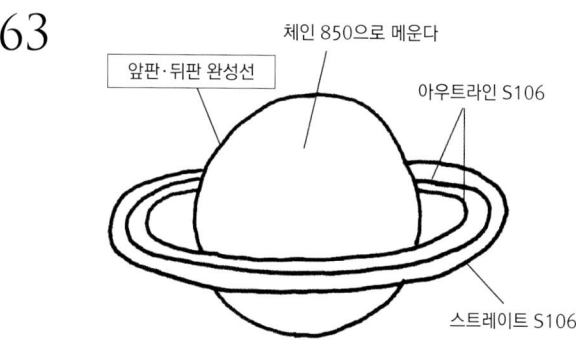

63

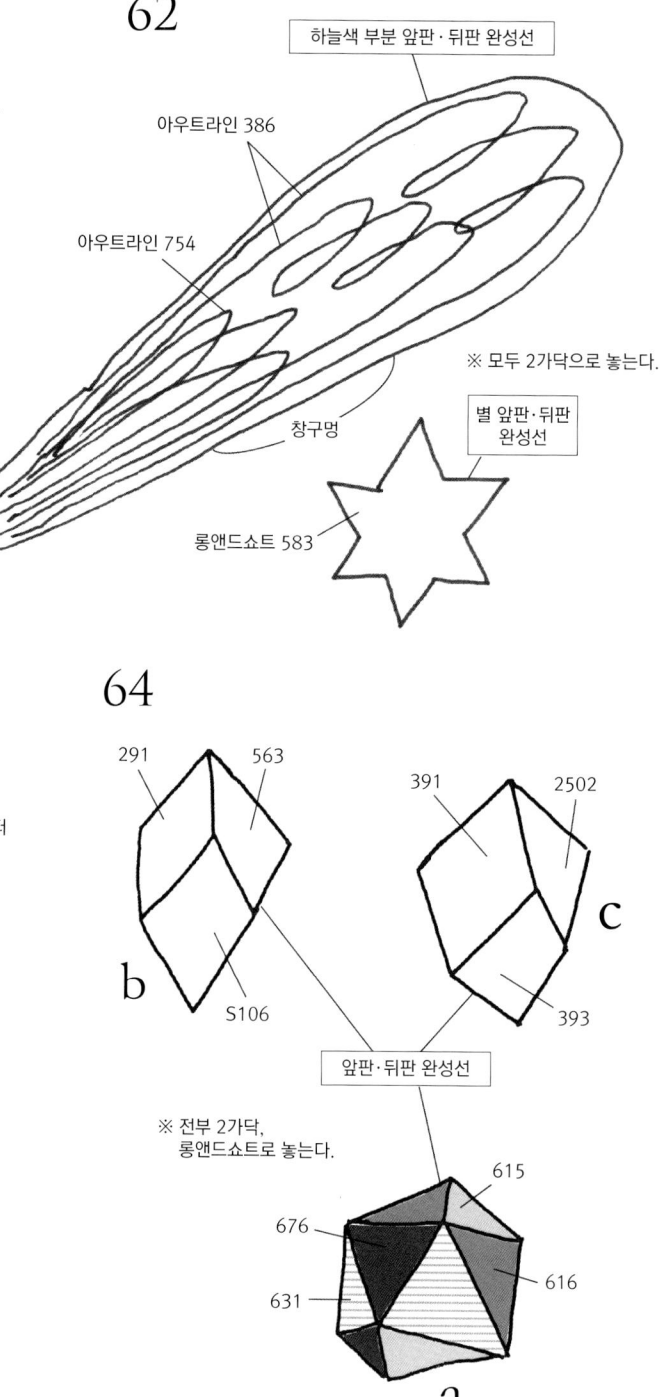

※ 숫자는 색상번호. 실은 전부 3가닥.

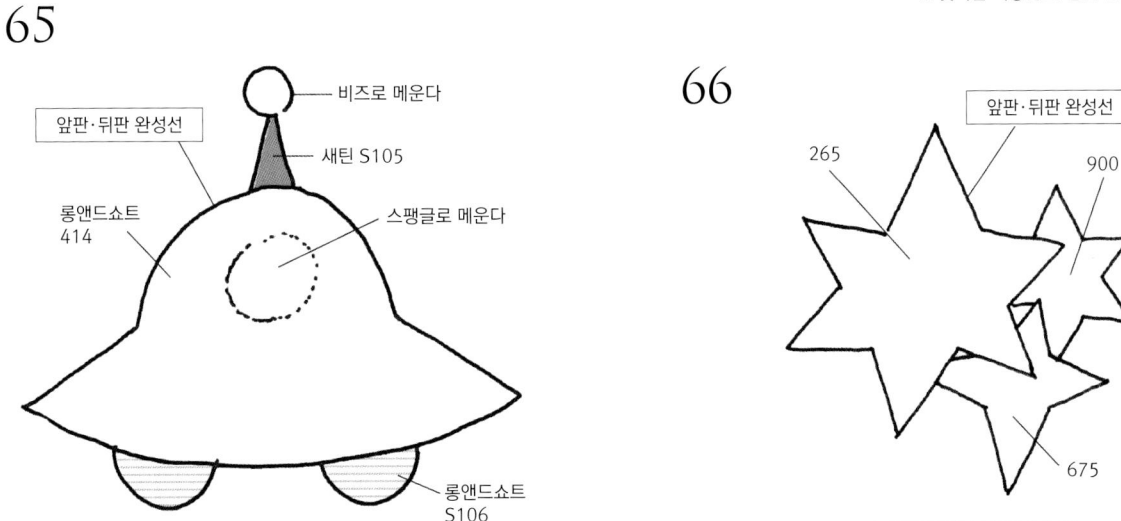

❖ 브로치와 머리끈 만드는 법

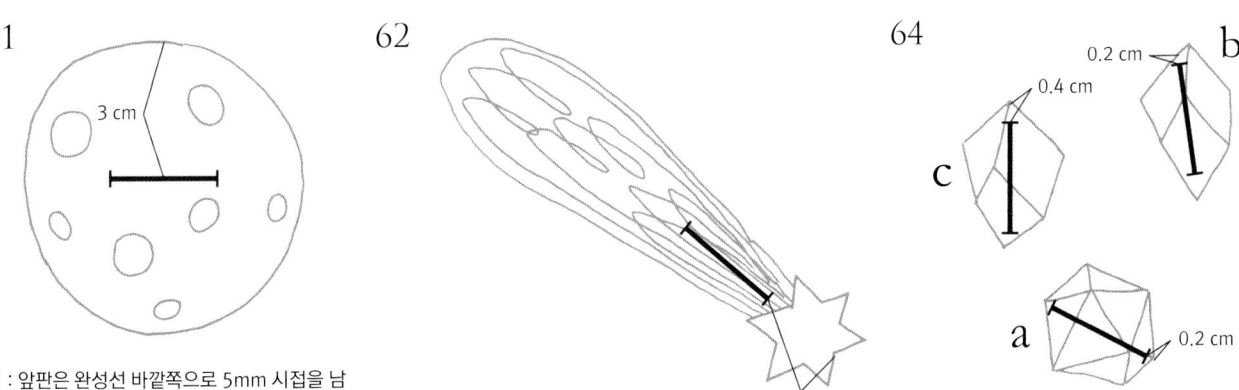

61 : 앞판은 완성선 바깥쪽으로 5mm 시접을 남기고 자르고, 뒤판과 접착 퀼트심지는 완성선대로 자른다. 앞판의 뒤쪽에 접착 퀼트심지를 붙인 다음 시접을 홈질하여 조인다. 브로치핀을 단 뒤판과 앞판을 안끼리 맞대고 둘레를 감친다.

62 : 별은 뒤판을 붙이고 자수 가장자리를 자른다. 하늘색 부분은 6쪽 〈주머니 모양으로 볼록하게 만들기〉를 참조해서 마무리한다(사이에 퀼트 심지를 끼운다). 하늘색 부분에 별을 겹친 다음 꿰매어 고정한다. 뒷면에 브로치핀을 단다.

64 : 앞판은 완성선의 바깥쪽으로 5mm의 시접을 남기고 자르고, 뒤판은 완성선을 따라 자른다. 시접을 접어 넣고 브로치핀을 단 뒤판을 붙인다.

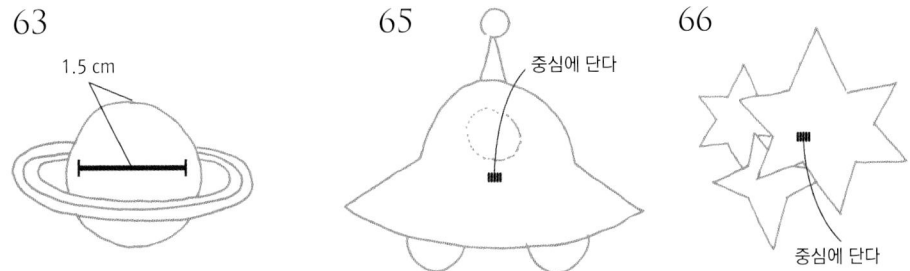

63·65·66 : 7쪽 〈수예용 본드로 붙여서 납작하게 만들기〉를 참조하여 마무리한다 (자수 가장자리를 자른다). 뒤쪽에 링고무줄을 꿰매어 단다.

꽃과 열매

오묘한 느낌의 컬러 배색으로 완성한
아름다운 꽃과 열매 모티프.

DESIGN & MAKING : 시라이 카즈미
HOW TO MAKE : P62-63

67

68

69

70

꽃과 열매 (67-72)

PHOTO : P60-61

※ 숫자는 색상번호, 실은 전부 3가닥. 프렌치너트는 2번 감기.

재료
- 67~70 :【앞판】리넨【뒤판】가죽(두께 약 1mm), 양면 접착심지, 보강천(리넨), 브로치핀(67·70번은 25mm, 68·69번은 30mm) 각1개
- 71·72 :【앞판】리넨【뒤판】가죽(두께 약 1mm), 양면 접착심지, 보강천(리넨), 링고무줄 1개

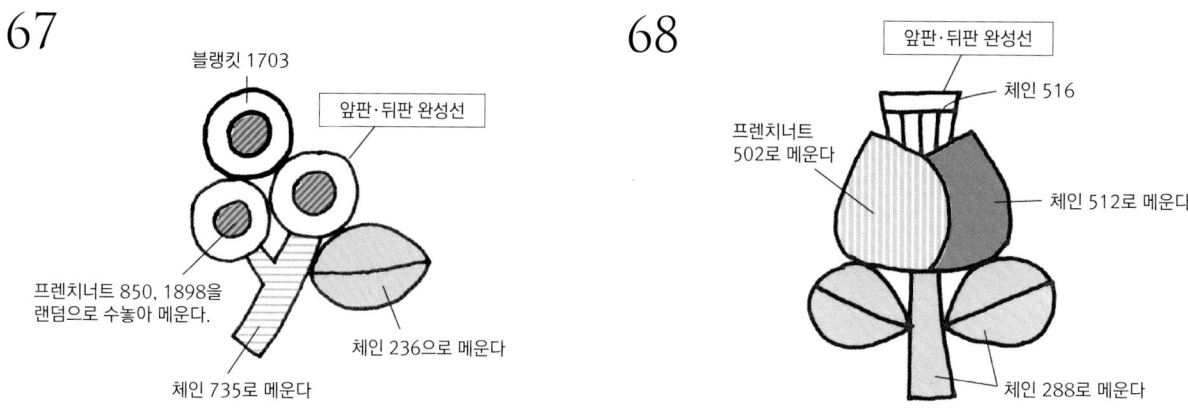

※ 숫자는 색상번호, ○ 안은 실의 가닥 수. 지정된 곳 이외는 3가닥.
프렌치너트는 2번 감기.

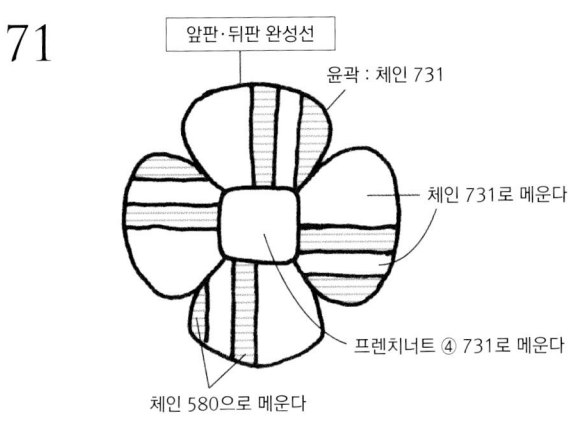

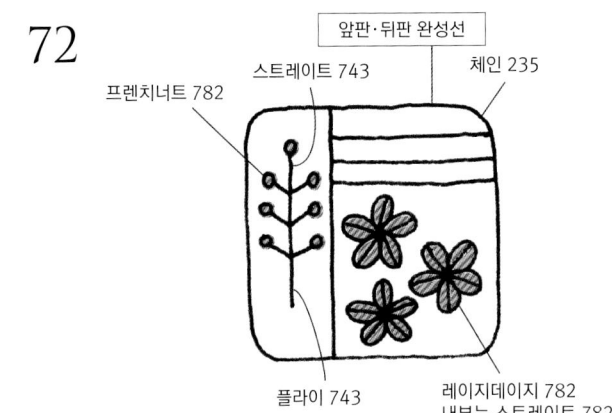

❖ 브로치와 머리끈 만드는 법

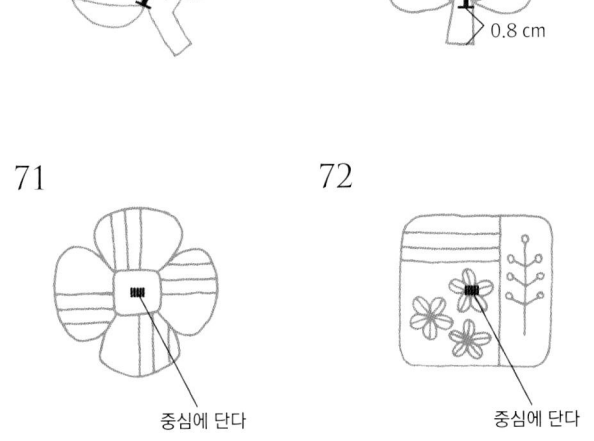

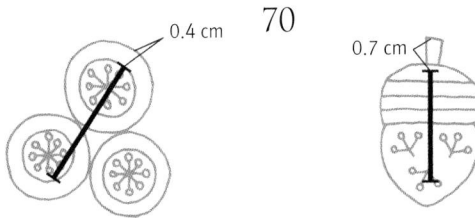

67~72 :
① 앞판의 뒤쪽에 양면 접착심지, 보강천을 붙인다. 자수 가장자리를 자른 후, 둘레에 올풀림 방지액을 바르고 말린다.
② ①에 맞춰서 뒤판을 자른다. 브로치핀을 본드로 붙인 다음 실로 꿰맨다(브로치핀 다는 법은 77쪽 참조). 링고무줄을 꿰매어 단다.
③ ①과 ②를 본드로 붙여준다.

76　77

모자에 달아도 자연스럽습니다.
다양하게 매치하는 즐거움을
느껴보세요.

꽃과 새 (73-77)

PHOTO : P64-65

※ 숫자는 색상번호, ○ 안은 실의 가닥 수. 지정된 곳 이외는 2가닥.
프렌치너트는 2번 감기.
※ 73번은 앞판Ⓐ와 Ⓑ로 나눠서 수를 놓는다.

재료

- 73 : 【앞판Ⓐ】 펠트(두께 1mm) 【앞판Ⓑ】 리넨 【뒤판】 펠트(두께 1mm), 비즈(특소(特小)·실버) 3개, 브로치핀(25mm) 1개
- 74 : 【앞판】 리넨 【뒤판】 펠트(두께 1mm), 진주비즈(2mm) 3개, 브로치핀(25mm) 1개
- 75 : 【앞판·뒤판】 펠트(두께 1mm), 브로치핀(25mm) 1개
- 76 : 【앞판】 리넨 【뒤판】 펠트(두께 1mm), 수예용 솜, 링고무줄 1개
- 77 : 【앞판·뒤판】 리넨, 수예용 솜, 링고무줄 1개

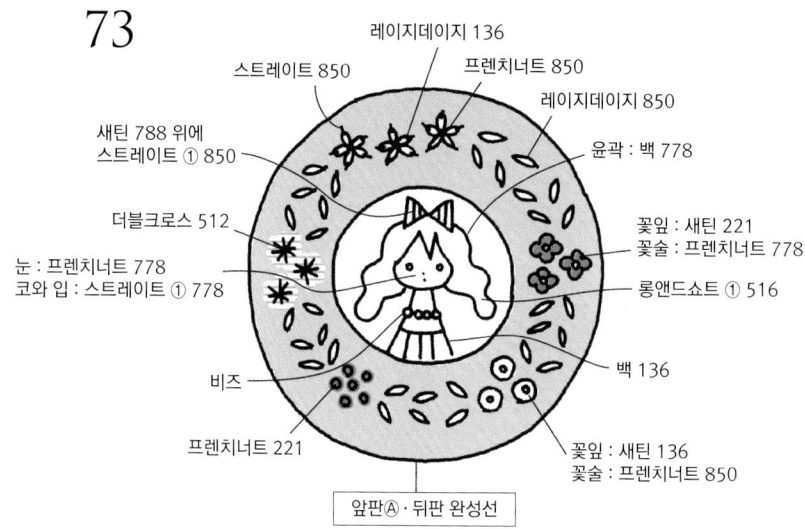

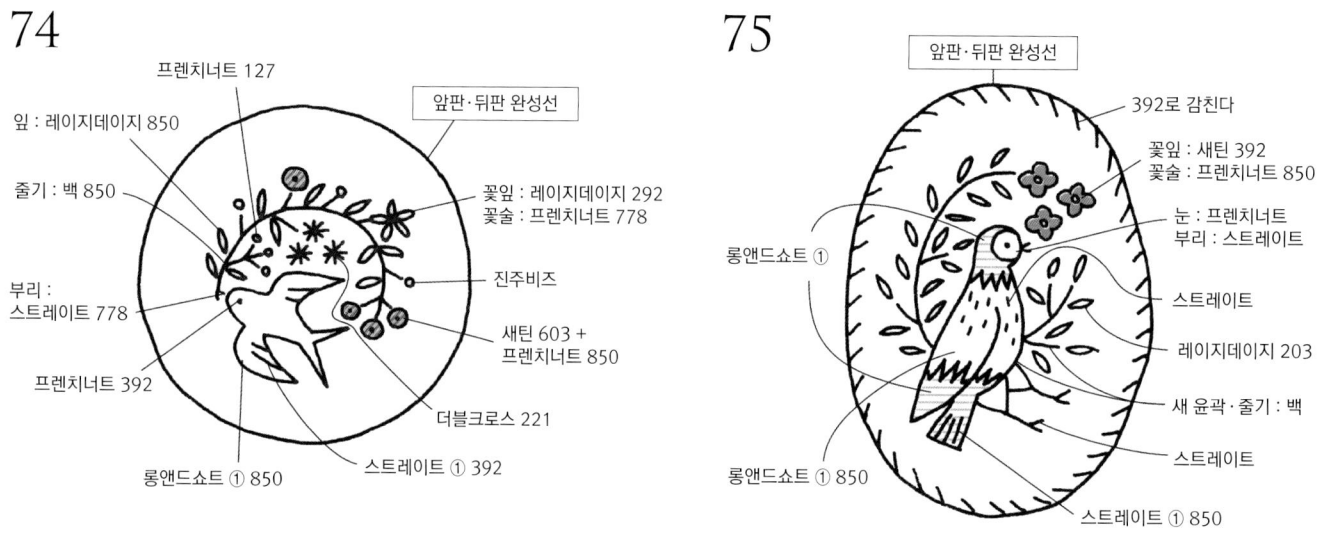

※ 숫자는 색상번호, ○ 안은 실의 가닥 수.
지정된 곳 이외는 2가닥. 프렌치너트는 2번 감기.

76

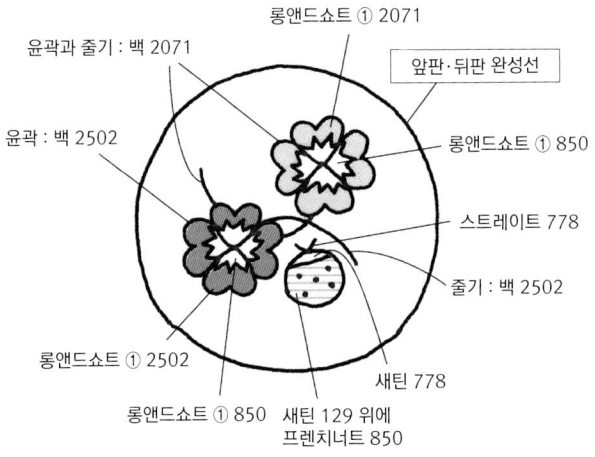

- 윤곽과 줄기 : 백 2071
- 롱앤드쇼트 ① 2071
- 앞판·뒤판 완성선
- 롱앤드쇼트 ① 850
- 윤곽 : 백 2502
- 스트레이트 778
- 줄기 : 백 2502
- 롱앤드쇼트 ① 2502
- 새틴 778
- 롱앤드쇼트 ① 850
- 새틴 129 위에 프렌치너트 850

77

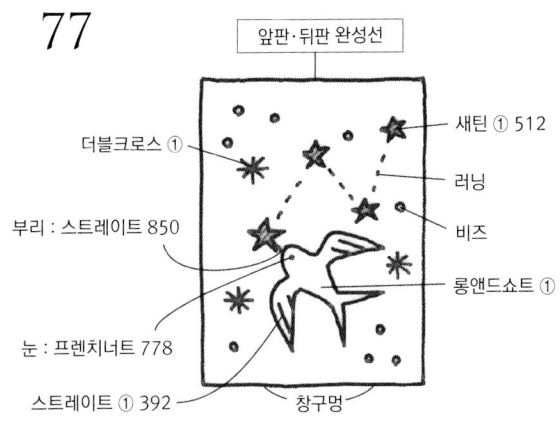

- 앞판·뒤판 완성선
- 더블크로스 ①
- 새틴 ① 512
- 러닝
- 비즈
- 부리 : 스트레이트 850
- 롱앤드쇼트 ①
- 눈 : 프렌치너트 778
- 스트레이트 ① 392
- 창구멍

※ 지정된 곳 이외는 850으로 놓는다.

❖ 브로치와 머리끈 만드는 법

73

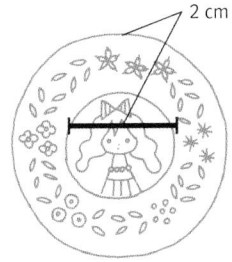
2 cm

73 : 앞판Ⓐ는 고리 모양으로, Ⓑ는 고리의 안쪽 테두리보다 둘레가 5mm 크게 자른다. 뒤판은 완성선대로 자른다. 앞판Ⓐ, Ⓑ, 뒤판의 순서로 포개놓고 붙인다. 뒤에 브로치핀을 단다(브로치핀 다는 법은 77쪽 참조).

74

2 cm

75

1.5 cm

74·75 : 앞판, 뒤판을 완성선대로 자른 다음, 2장을 안끼리 맞대고 둘레를 감친다(74번은 실 850, 75번은 실 392를 사용). 뒤에 브로치핀을 단다(브로치핀 다는 법은 77쪽 참조).

76

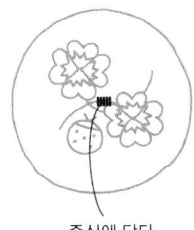

중심에 단다

76 : 74·75와 같은 방법으로 만들고 (감치는 실은 850을 사용), 마지막 1cm 부분에서 솜을 채워 넣고 감쳐서 막는다. 뒤에 링고무줄을 꿰매어 단다.

77

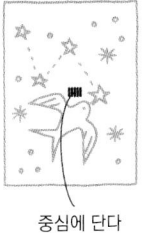

중심에 단다

77 : 6쪽 〈주머니 모양으로 볼록하게 만들기〉를 참조해서 마무리한다(겉면으로 뒤집기 전에 네 모퉁이 끝을 자른다). 뒤에 링고무줄을 꿰매어 단다.

81

82

69

간식 시간 (78-82)

PHOTO : P68-69

※ 숫자는 색상번호, ○ 안은 실의 가닥 수. 지정된 곳 이외는 2가닥.
프렌치너트는 1번 감기. 지정된 곳 이외는 새틴으로 놓는다.

재료
- 78~80 : 【앞판】펠트(두께 1mm)【뒤판】펠트(두께 2mm), 브로치핀(78번은 30mm. 79·80번은 35mm) 각1개
- 81~82 : 【앞판·뒤판】리넨, 수예용 솜 적당량, 링고무줄 각1개, 면테이프(폭 1cm) x 각 3cm, 82번만 비즈(특대·투명) 4개

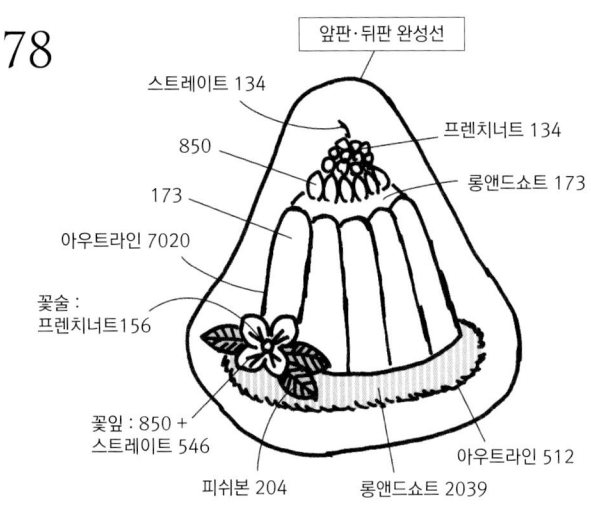

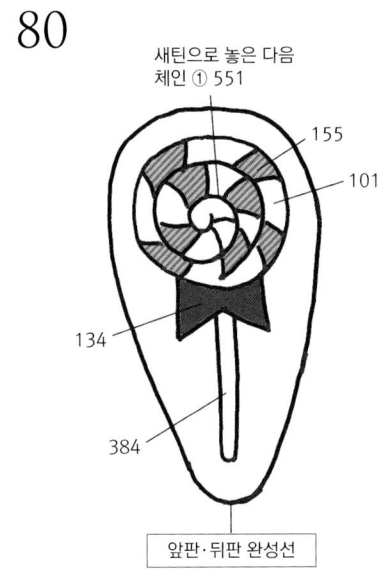

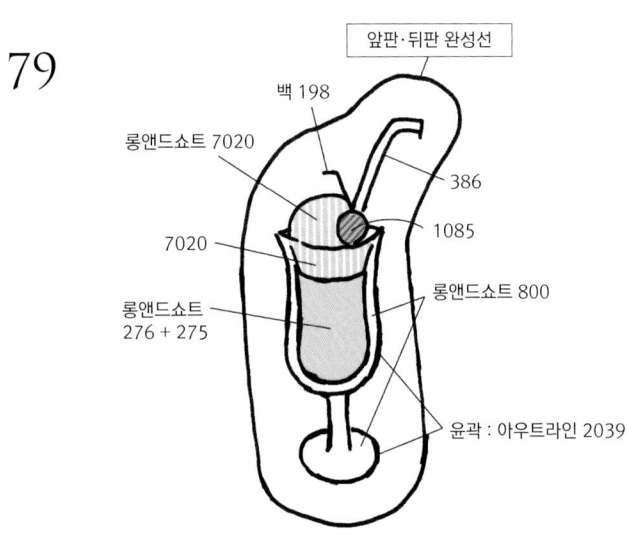

※ 숫자는 색상번호, ○ 안은 실의 가닥 수. 지정된 곳 이외는 2가닥.
프렌치너트는 1번 감기. 지정된 곳 이외는 새틴으로 놓는다.

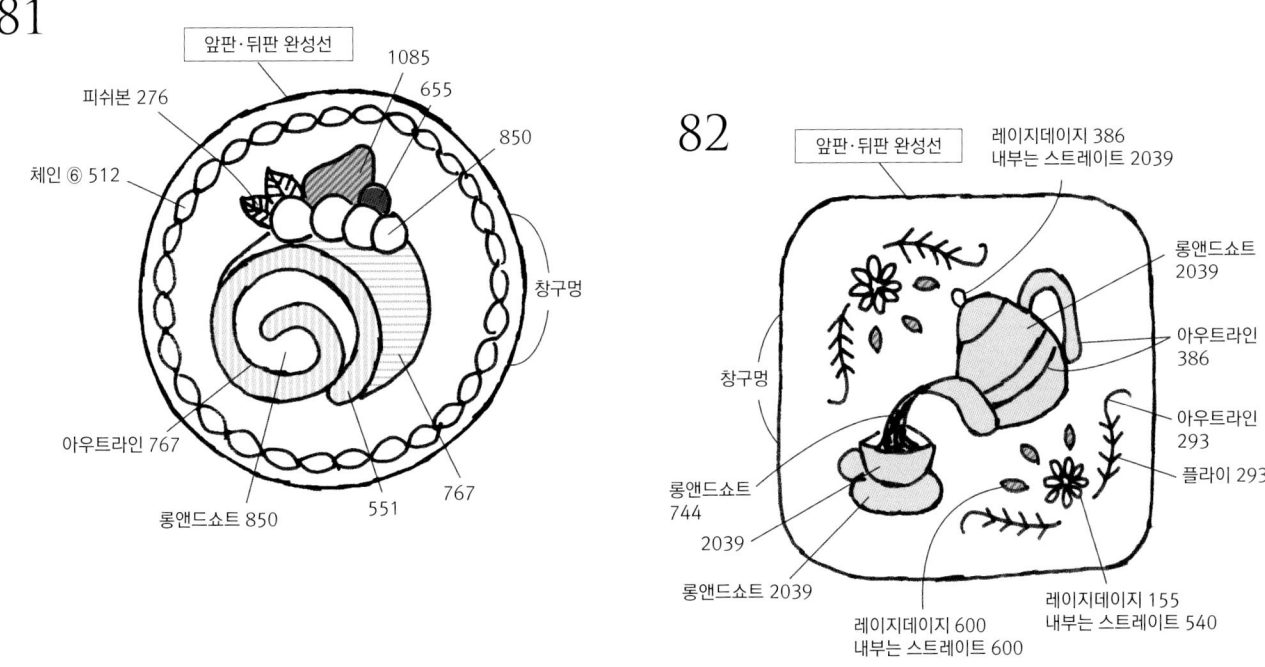

❖ 브로치와 머리끈 만드는 법

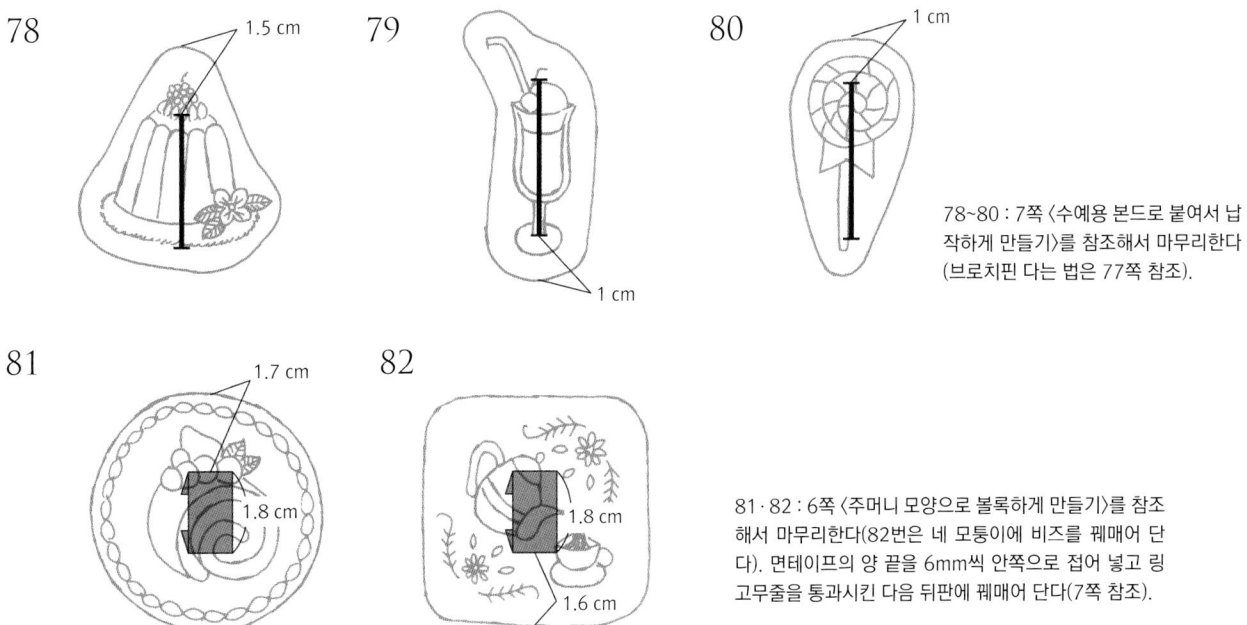

78~80 : 7쪽 〈수예용 본드로 붙여서 납작하게 만들기〉를 참조해서 마무리한다 (브로치핀 다는 법은 77쪽 참조).

81・82 : 6쪽 〈주머니 모양으로 볼록하게 만들기〉를 참조해서 마무리한다(82번은 네 모퉁이에 비즈를 꿰매어 단다). 면테이프의 양 끝을 6mm씩 안쪽으로 접어 넣고 링 고무줄을 통과시킨 다음 뒤판에 꿰매어 단다(7쪽 참조).

86　　　　　　　　　87

73

모노톤 꽃 (83-87)

PHOTO : P72-73

※ 숫자는 색상번호, ○ 안은 실의 가닥 수. 지정된 곳 이외는 1가닥.
　프렌치너트는 3번 감기. 지정된 곳 이외는 새틴으로 놓는다.
※ 앞판Ⓐ에 자수를 놓는다.

재료
- 83·85 : 【앞판Ⓐ】 면 【앞판Ⓑ·뒤판】 펠트(두께 2mm), 브로치핀(30mm) 각 1개
- 84 : 【앞판Ⓐ】 리넨 【앞판Ⓑ·뒤판】 펠트(두께 2mm), 브로치핀(30mm) 1개
- 86 : 【앞판Ⓐ】 면 【앞판Ⓑ·뒤판】 펠트(두께 2mm), 링고무줄 1개
- 87 : 【앞판Ⓐ】 리넨 【앞판Ⓑ·뒤판】 펠트(두께 2mm), 링고무줄 1개

83

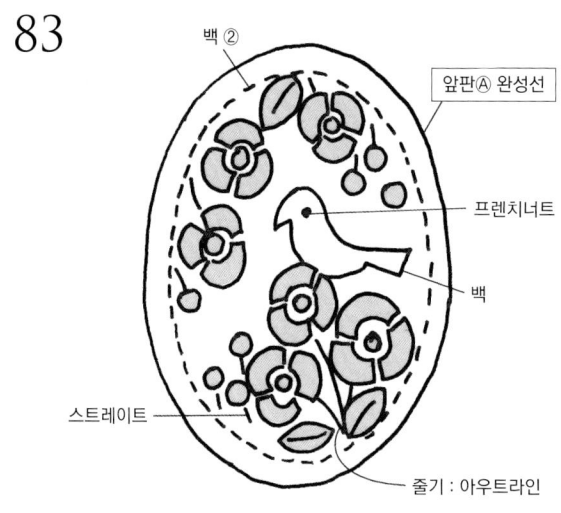

※ 실은 전부 731로 놓는다.

84

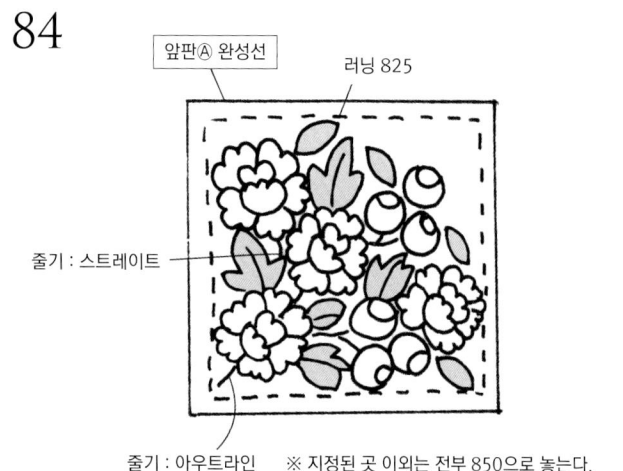

※ 지정된 곳 이외는 전부 850으로 놓는다.

85

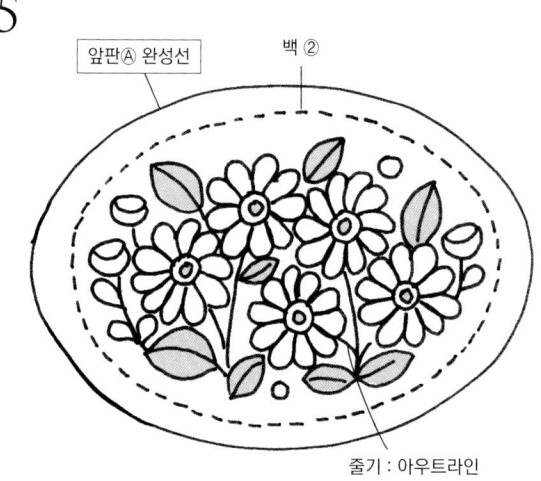

※ 실은 전부 850으로 놓는다.

※ 숫자는 색상번호, ○ 안은 실의 가닥 수. 지정된 곳 이외는 1가닥.
프렌치너트는 3번 감기. 지정된 곳 이외는 새틴으로 놓는다.
※ 앞판Ⓐ에 자수를 놓는다.

86

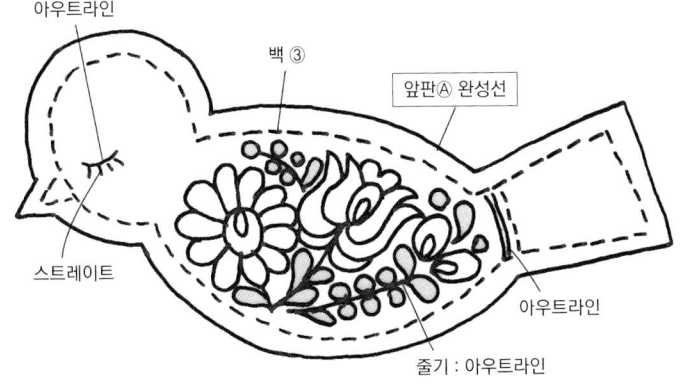

※ 실은 전부 850으로 놓는다.

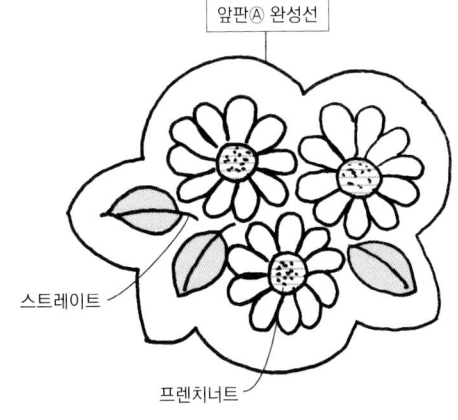

※ 실은 전부 850으로 놓는다.

❖ 브로치와 머리끈 만드는 법

83
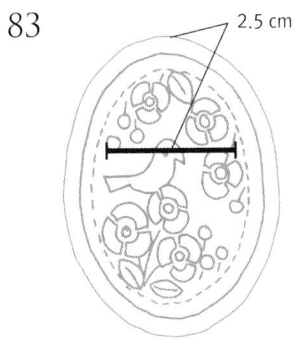
2.5 cm

84
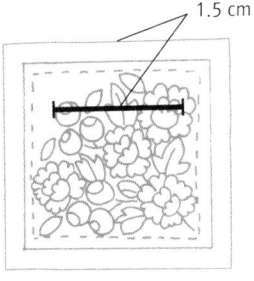
1.5 cm

85
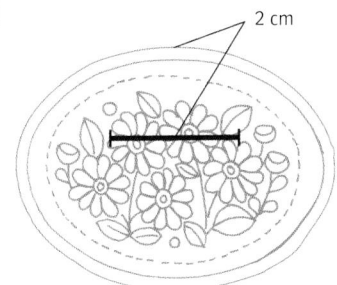
2 cm

86
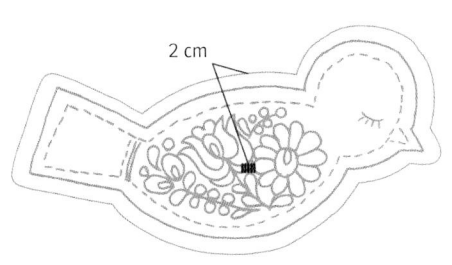
2 cm

87
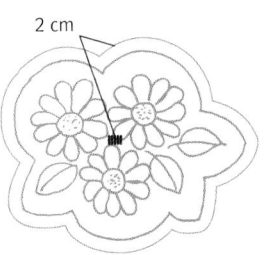
2 cm

83~87 :
앞판Ⓐ는 완성선에서 잘라 앞판Ⓑ에 붙인다. Ⓑ는 Ⓐ의 둘레보다 약간 큼직(2~4mm)하게 자른다. 브로치핀 또는 링고무줄을 꿰매어 단 같은 크기의 뒤판을 한 장 더 준비하여 Ⓑ와 안끼리 맞대고 붙인다(튼튼하게 만들고 싶을 때는 그 위에 펠트 2장을 대고 꿰맨다).

재료와 도구

자수를 할 때 필요한 재료와 도구에 대해 알아두세요.

■ 자수실

이 책에서 사용한 것은 주로 25번 자수실. 가는 실 6가닥이 느슨하게 묶여 있으며 한 묶음의 길이가 약 8m입니다. 도안 설명에 표시된 실의 가닥 수는 6가닥 중에서 몇 가닥을 사용하는지를 나타냅니다. 자수를 할 때는 가는 실을 한 가닥씩 뽑은 다음, 사용할 가닥 수만큼 합쳐서 씁니다(실을 다루는 방법은 5쪽 참조).

25번 자수실

라메실

라벨에 표시된 숫자는 색상번호입니다. 자수실을 보충해서 살 필요가 있으므로 마지막까지 실에 붙여두고 사용하세요.

■ 바늘

자수용 바늘은 보통 바느질용보다 바늘귀가 큰 것이 특징입니다. 끝이 뾰족한 프랑스 자수용 바늘은 어떤 천에도 잘 들어가므로 일반적으로 많이 씁니다. 바늘에는 사이즈가 있는데 호수가 클수록 가늘어집니다. 필요한 실 가닥 수에 맞춰서 바늘 호수를 골라서 사용하세요.

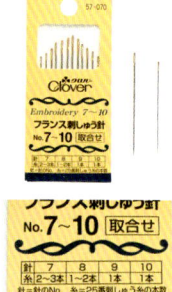

라벨에 실의 가닥 수에 따른 적당한 바늘 호수가 적혀 있는 경우도 있습니다.

■ 도안을 옮기는 도구

트레이싱지, 가는 펜, 셀로판, 수예용 복사지(초크지), 심이 가는 트레이서나 볼펜, 초크펜 등을 준비하세요.

a : 수예용 복사지
b : 트레이싱지
c : 셀로판
d : 트레이서
e : 초크펜슬
f : 가는 펜
g : 초크펜
(각각의 사용법은 4쪽 참조)

■ 자수틀

천을 자수틀에 끼워서 팽팽하게 잡아당기면 천이 우는 것을 방지하고 실이 너무 당겨지지 않게 되므로 꼭 사용해보세요. 쓰기 편한 지름 10~12cm를 추천합니다.

■ 가위

자수실을 자를 때는 작고 끝이 뾰족한 쪽가위 같은 것이 편리합니다. 브로치를 만들 때처럼 섬세한 작업을 할 때는 너무 크지 않고 잘 드는 것을 준비하세요.

수예용 가위   쪽가위

■ 천

자수는 면이나 리넨, 울 같은 여러 가지 천에 할 수 있습니다. 일반적으로는 평직 원단이 수를 놓기 쉽다고 알려져 있습니다. 또 올이 잘 풀리지 않는 펠트도 쓰기가 편합니다. 수를 놓을 때는 두께 1~2mm로 고르세요.

평직원단   펠트

■ 올풀림 방지액과 수예용 본드

천 가장자리를 잘라 그대로 사용할 경우에는 올풀림 방지액을 발라 올이 풀리는 것을 방지합니다. 또 천끼리 붙일 때는 수예용 본드를 사용합니다.

브로치핀 다는 법

일반적인 브로치핀은 뒤판에 꿰매어 달아 고정합니다.

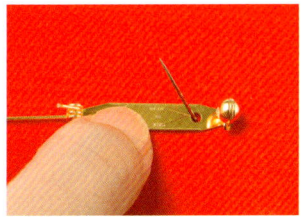
① 브로치핀을 대고 구멍 뒤쪽에서 바늘을 뺍니다.

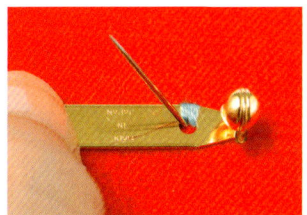
② 뒤판과 브로치핀의 구멍에 3번 정도 바늘을 통과시킵니다.

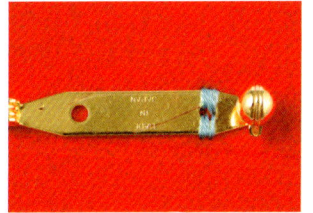
③ 반대쪽도 3번 정도 바늘을 통과시켜 고정합니다.

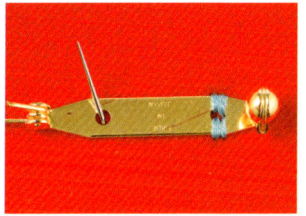
④ 다른 쪽 구멍으로 뒤쪽에서 바늘을 뺍니다.

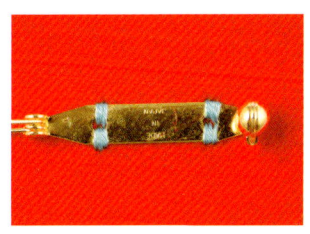
⑤ 같은 방법으로 상하 3번씩 감듯이 꿰매서 고정합니다.

■ 이런 방법도 있어요

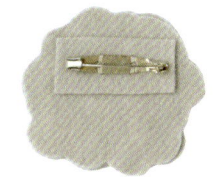

펠트를 세 겹으로 한다
앞판, 뒤판 외에 핀을 꿰매어 단 작은 펠트를 준비하여 붙여주면 더욱 단단하게 마무리됩니다.

앞판과 뒤판의 조합

면과 리넨, 펠트, 가죽과 같은 다양한 소재를 조합해서 만들 수 있는 것이 핸드메이드의 즐거움.
앞판과 뒤판의 색과 소재를 달리하면 옆에서 볼 때의 느낌이 달라집니다.

앞판과 뒤판의 원단을 다르게 한다
얼핏 보이는 뒤판의 색과 무늬가 악센트가 됩니다.

뒤판에 가죽을 사용한다
더욱 튼튼하게 마무리됩니다.

뒤판의 색을 살린다
앞판보다 약간 크게 잘라서 색을 살립니다.

P34-35

29

앞판Ⓐ, Ⓑ는 완성선의 바깥쪽으로 5mm의 시접을 남기고 자른다. 두꺼운 종이는 완성선과 같은 모양으로 자른다.

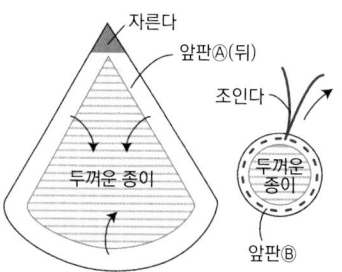

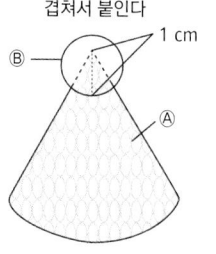

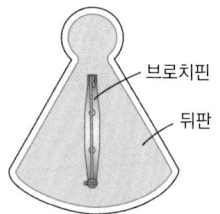

① 앞판Ⓐ의 뒤에 두꺼운 종이를 얹고 시접을 접은 다음, 본드로 붙인다. 앞판Ⓑ는 가장자리를 홈질하고 두꺼운 종이를 대고 실을 조여서 고정한다.

② 겉으로 뒤집어 Ⓐ의 꼭대기에 Ⓑ를 본드로 붙인다.

③ 뒤판(가죽)은 ②의 모양에 맞춰서 둘레를 1mm 정도 작게 자른 다음 브로치핀을 단다. ②와 뒤판을 붙여준다.

P34-35

31

앞판Ⓐ는 완성선의 바깥쪽으로 5mm의 시접을 남기고 자른다. 뒤판은 앞판Ⓐ를 반전시킨 형태에 5mm의 시접을 남기고 자른다. 두꺼운 종이는 앞판Ⓐ의 완성선과 같은 형태로 자른다. 앞판Ⓑ는 완성선(자수 가장자리)대로 자른다.

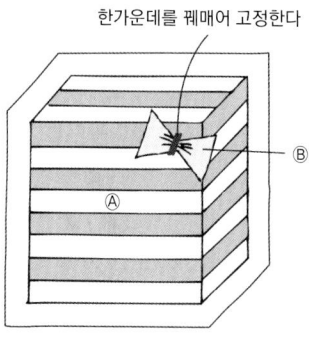

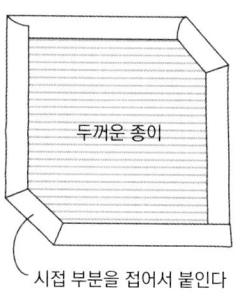

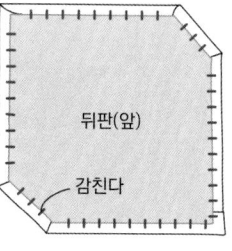

① 앞판Ⓑ를 Ⓐ의 적당한 위치에 꿰매어 단다(실은 1600 사용).

② 앞판Ⓐ의 뒤에 두꺼운 종이를 얹고 시접 부분을 접은 다음, 본드로 붙인다.

③ 뒤판의 시접을 접어 넣고 ②의 뒤쪽에 대고 가장자리를 감친다. 브로치핀을 단다.

P34-35

32

앞판은 완성선 바깥쪽으로 5mm 시접을 남기고 자른다. 뒤판은 완성선대로 자른다. 뒤판에 브로치핀을 단다.

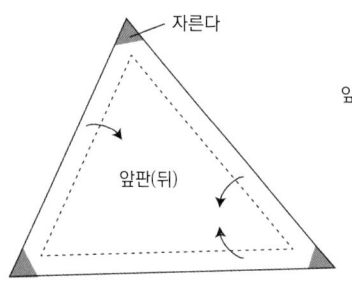

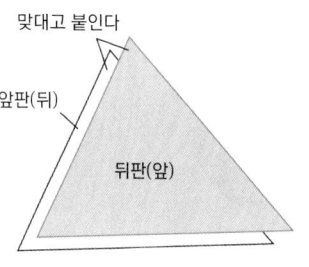

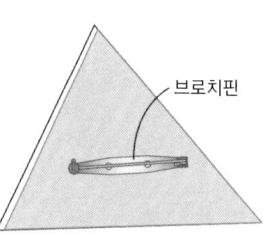

① 앞판은 시접의 모퉁이 부분을 자르고 뒤로 접어 넣는다.

② 앞판과 뒤판을 본드로 붙인다.

③ 브로치핀을 단다.

P34-35

33

P38-39

38

두 작품 모두 싸개단추(클로버 58-654) 키트를 사용해서 마무리한다.

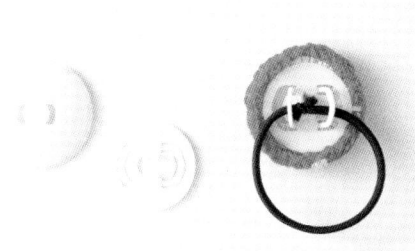
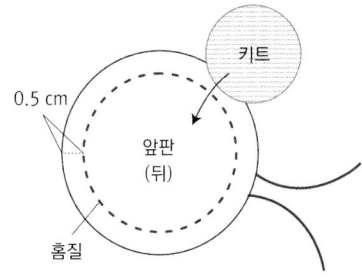

수를 놓은 앞판을 완성선대로 자르고 둘레를 홈질한다. 키트의 한 면을 올려놓고 홈질한 실을 조인 후 나머지 한쪽을 끼워서 조절하고 링고무줄을 끼운다.

P54-55

55 ~ 60

앞판, 뒤판은 완성선의 바깥쪽으로 1.2cm의 시접을 남기고 자른다. 두꺼운 종이는 앞판용과 뒤판용 2장을 완성선대로 자른다.

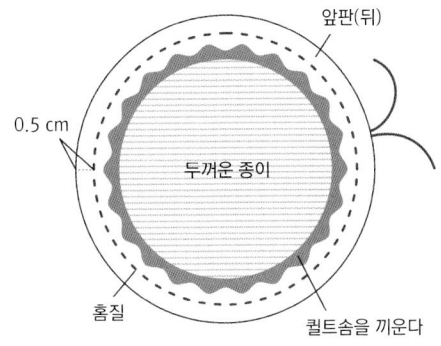

① 앞판 둘레를 홈질한 다음 퀼트솜, 두꺼운 종이를 순서대로 포개놓는다.

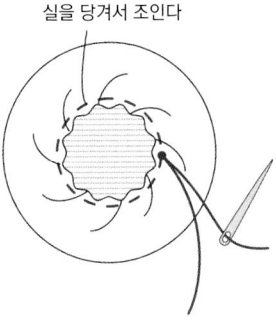

② 실을 당겨서 조이고 두꺼운 종이를 감싸서 형태를 정돈하고 느슨해지지 않도록 단단히 구슬매듭을 짓는다.

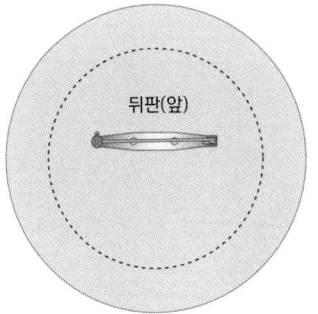

③ 뒤판에 브로치핀을 단다.

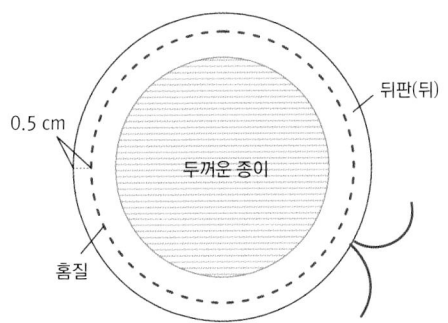

④ 뒤판의 둘레를 홈질하고 뒤로 하여 두꺼운 종이를 겹친다. ②와 같은 방법으로 실을 당겨서 조이고 두꺼운 종이를 감싼 다음 느슨해지지 않도록 단단히 구슬매듭을 짓는다.

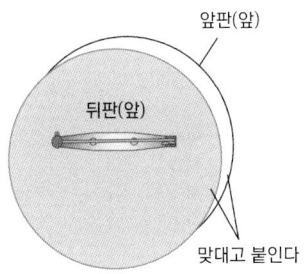

⑤ ②와 ④를 안끼리 맞대고 본드로 붙여준다.

KAWAII HAIR GUM & BROOCH ICHINENJYU TSUKAERU ONE POINT SHISHU
ⓒ E&G CREATES 2015
Originally published in Japan in 2015 by E&G CREATES., TOKYO,
Korean translation rights arranged with E&G CREATES., TOKYO,
through TOHAN CORPORATION, TOKYO, and Botong Agency, SEOUL

이 책의 한국어판 저작권은 Botong Agency를 통한 저작권자와의 독점 계약으로 윌컴퍼니가 소유합니다.
저작권법에 의해 한국 내에서 보호를 받는 저작물이므로 무단전재와 무단복제를 금합니다.

사랑스럽고 귀여운 프랑스 자수 모티프
Embroidery Brooch & Hair Accessory

초판 1쇄 발행 | 2017년 1월 31일
지은이 | 애플민트
옮긴이 | 김수정
펴낸곳 | 윌스타일
펴낸이 | 김화수
출판등록 | 제300-2011-71호
주 소 | (03174) 서울시 종로구 사직로8길 34, 1203호
전 화 | 02-725-9597
팩 스 | 02-725-0312
이메일 | willcompanybook@naver.com
ISBN | 979-11-85676-36-4   13630

* 윌스타일(WILLSTYLE)은 윌컴퍼니(WILLCOMPANY)의 취미·실용 전문 브랜드입니다.

이 도서의 국립중앙도서관 출판예정도서목록(CIP)은 서지정보유통지원시스템 홈페이지
(http://seoji.nl.go.kr)와 국가자료공동목록시스템(http://www.nl.go.kr/kolisnet)에서
이용하실 수 있습니다.(CIP제어번호: CIP2017001189)